中国牧草产业经济

2021

Zhongguo Mucao
Chanye Jingji

王明利 等◎著

中国财经出版传媒集团

经济科学出版社
Economic Science Press

图书在版编目（CIP）数据

中国牧草产业经济.2021/王明利等著.--北京：
经济科学出版社，2022.10
ISBN 978-7-5218-4039-1

Ⅰ.①中… Ⅱ.①王… Ⅲ.①牧草-畜牧业经济-经
济发展-研究报告-中国-2021 Ⅳ.①F326.3

中国版本图书馆 CIP 数据核字（2022）第 175797 号

责任编辑：汪武静
责任校对：郑淑艳
责任印制：王世伟

中国牧草产业经济 2021

王明利 等著

经济科学出版社出版、发行 新华书店经销

社址：北京市海淀区阜成路甲 28 号 邮编：100142

总编部电话：010-88191217 发行部电话：010-88191522

网址：www.esp.com.cn

电子邮箱：esp@esp.com.cn

天猫网店：经济科学出版社旗舰店

网址：http://jjkxcbs.tmall.com

北京季蜂印刷有限公司印装

710×1000 16 开 13.25 印张 210000 字

2022 年 10 月第 1 版 2022 年 10 月第 1 次印刷

ISBN 978-7-5218-4039-1 定价：58.00 元

（图书出现印装问题，本社负责调换。电话：010-88191510）

（版权所有 侵权必究 打击盗版 举报热线：010-88191661

QQ：2242791300 营销中心电话：010-88191537

电子邮箱：dbts@esp.com.cn）

本研究得到"国家现代农业产业技术体系建设专项资金（CARS-34）"和"中国农业科学院创新工程（10-IAED-01-2021）"的资助，特此感谢！

国家牧草产业技术体系
产业经济功能研究室全体成员

首席科学家：张英俊

研究室主任：王明利

团队成员：
杨　春	励汀郁	石自忠	刘亚钊
崔　姹	包利民	倪印锋	马晓萍
熊学振	张　浩	李旭君	熊　慧
孙雨萌	梁耀文	许荣媛	龙雪芬

前 言

随着"粮改饲"、种养结合的持续推进，牧草产业的发展越来越受到关注。同时，"碳达峰、碳中和"目标的提出，牧草作为重要的碳汇储备资源，在助力"双碳"目标的达成将发挥重要作用。但同时，也应看到，新冠肺炎的全球蔓延、地缘政治风险等的加剧，粮食安全问题的严峻、畜牧业对牧草产品的强劲需求都对牧草产业的发展带来了挑战；科技发展对牧草产业提质增效的作用还有进一步的提升空间。基于此，对牧草产业及草食畜牧业经济重大问题及热点议题，从国内与国际视角进行全面系统研究，可为草牧业及草畜产品市场供需双方决策提供重要参考依据，亦可为政府宏观调控草牧业提供重要决策支撑。

围绕当前牧草产业及草食畜牧业经济的市场环境的变化、重大问题及热点议题，本书具体开展如下四个方面的专题研究：其一，围绕牧草产业当前面临的重大问题，剖析中国牧草产业发展面临的困难与问题，提出牧草产业发展的总体思路及重点任务；其二，围绕牧草生产的经济效益、经济效率对产业进行深入研究，追踪近几年牧草生产成本、收益、市场价格等的变化规律，对其生产效率进行研究，阐明政策调整思路；其三，围绕进出口贸易市场，系统剖析世界及中国牧草产品贸易新格局；其四，围绕"碳达峰、碳中和"及"粮改饲"等热点议题对畜牧业如何实现减碳、"粮改饲"政策对养殖户成本收益带来的变化进行了重点研究，以推进中国牧草产业的发展。本书相关研究的最大特点在于，从宏观和微观两种视角对中国牧草及相关畜牧产业的发展进行了深入思考；深入基层实地调研，基于客观事实与鲜活案例就相关议题展开的系统剖析；基于调研数据及统计数据，借助统计分析方法，对产业与市场发展规律进行科学度量；发现产业和市场发展过程中呈现的客观规律及存在的突出问题，为生产和政策决策提供重要参考。

本书是国家牧草产业技术体系产业经济功能研究室成员2021年的部分研究成果。本书出版之际，要特别感谢国家牧草产业技术体系首席科学家、各岗位科学家及综合试验站对本书研究工作所给予的大力支持与帮助，感谢各位同仁针对相关议题提出的宝贵问题与建设性意见，感谢地方主管部门在调研过程中给予的大力配合与支持。同时，作为阶段性研究成果，本书难免存在诸多问题与不足，课题组将进行进一步深入探索，也恳请读者对本书提出宝贵批评意见和修改建议。

王明利

2022 年 8 月

目 录
CONTENTS

牧草产业发展专题

2021年牧草产业运行特点及2022年展望

王明利　张英俊　杨　春　励汀郁

　　牧草产业作为畜牧业转型升级的重要支撑和促进社会经济绿色发展的生态产业，对保障居民不断增长的优质安全肉蛋奶需求、扩大碳汇储备、推动产业转型升级具有重要贡献。2021年，在国家政策带动、市场需求拉动的双轮驱动下，中国牧草产业形势持续向好，产业化进程不断推进，科技支撑效果显现，发展模式持续创新，牧草产业高质量发展备受关注。与此同时，北方部分地区受到干旱的影响，部分地区又受到秋季雨水偏多的负面影响，导致青贮玉米、黄贮及秸秆都难以收获，从而使得部分地区面临着缺草风险。预期2022年中国牧草产业发展前景广阔，草业发展持续向好，牧草生产稳定发展，提质增效仍是草业发展的重点，种养结合的绿色循环牧草产业模式作用逐步显现出来。建议完善牧草产业政策，加强制度保障；推动科技创新，支持基础研发和技术推广；突出龙头带动，推进牧草产业品牌建设；实施种业兴草战略，提升种业自给水平。

一、2021年牧草产业发展呈现的主要特点

（一）生产形势持续向好，产业化进程不断推进

　　2021年"粮改饲""振兴奶业苜蓿发展行动项目"继续推进，国家进一步全面推进乡村振兴，并提出"碳达峰、碳中和"的发展目标，利好牧草产业发展。一是牧草种植面积继续扩大。2021年，内蒙古新增多年生饲草面积30.71万亩。近年来，甘肃牧草种植保持稳定，逐步形成了以金昌、张掖、酒泉为主的河西灌区优质苜蓿和燕麦草商品草生产带。二是牧草价格大幅上涨。2021年，连续强降水影响河北、陕西、山西等地的牧草

生产，持续干旱的气候状况影响宁夏等地牧草生产，区域性市场供应趋紧格局突出，牧草产品价格大幅上涨。据调研测算，2021 年，青贮玉米平均价格为 590 元/吨，同比上涨 34.1%，种植纯收益为 787.98 元/亩，同比增加 36.4%；内蒙古赤峰的苜蓿干草地头价平均达 2,599 元/吨；内蒙古川西北牧区青干草市场价格达 2,000～2,600 元/吨。三是牧草产业化程度提升。牧草产品种类多元化趋势明显，主要有苜蓿干草捆、苜蓿草块、苜蓿草颗粒、苜蓿青贮、苜蓿宠物饲料、天然牧草干草捆、全株玉米青贮等。青贮产品形态主要有窖贮、堆贮、拉伸膜裹包青贮、袋装青贮。[①]

（二）科技支撑效果显现，产业素质逐步提升

科技支撑在提高牧草生产效率方面作用明显，是引领牧草产业高质量发展的关键。一是重视牧草关键技术研发。部分地区依托良种改进和先进生产技术推广，实现苜蓿草产品质量明显改善。内蒙古赤峰的苜蓿粗蛋白（CP）含量提高至 18%～22%，相对饲喂价值（RFV）达 130～165，当地苜蓿一级干草比例达 65%以上。河北省沧州地区草产品质量优质率提高 18 个百分点，苜蓿一级干草比例达 63%，二级干草以上比例达 85%。二是推广实施精细化生产技术。青海在光热水土资源较好的区域实施高标准人工草场灌溉示范，采用引水渠道、低压管道输水及喷灌、滴灌等灌溉方式，使新增草地灌溉面积达到 30 万亩。四川省甘孜县和九龙县通过引进高原青贮玉米种植利用技术成果，采用适应高原气候特征的高密度种植、化肥减量替代、覆膜直播等技术，实现全程机械化，青贮玉米产量达 5 吨/亩以上，纯收入达 2,370 元/亩。

（三）发展模式持续创新，助推草业高效发展

产业模式的持续创新是推动牧草产业高效发展的主要途径。一是创新草牧业生产经营模式。围绕牧草生产及草畜结合，各地探索了"龙头企业带动集约化发展模式""种养结合、草畜一体绿色循环发展模式""放牧

---

① 数据由国家牧草产业技术体系产业经济功能研究室组织调研获得。

型栽培草地划区轮牧生态养殖模式""'种养加销'一体化""企业 + 合作社/种植大户""草 +""优质苜蓿生产基地 + 混播草地划区轮牧""天然草地改良 + 青贮玉米种植 + 肉牛舍饲育肥""天然草地改良 + 灌木资源利用 + 肉羊肉牛舍饲育肥"等模式。二是探索牧草多元化渠道销售。依托互联网开辟牧草流通新渠道,实现了实体经济和虚拟经济的有机结合。内蒙古地区创建草业大宗电子商务交易平台,借助"互联网 +",开发手机 App 客户端、易牧商城等通过与 100 家草都易牧连锁加盟店线下体验店相结合,实现与牧民的无缝对接,线上逛商城、下订单,线下体验、提货,大幅提升了牧草销售服务效率。

(四)牧草产业高质量发展备受关注,注重优质牧草发展

政策扶持对牧草产业发展起到系统性、针对性、协调性的作用,可以为草畜业发展奠定坚实基础。2020 年,国家发布了《关于促进畜牧业高质量发展的意见》,提出要健全饲草料供应体系,促进农牧循环发展。2021 年,国家印发《黄河流域生态保护和高质量发展规划纲要》,提出进一步做强农牧业,在内蒙古、宁夏、青海等省(区)建设优质饲草料基地等。各地陆续制定出台"十四五"畜牧业发展规划和草牧业[①]高质量发展意见等,重视牧草产业高质量发展。2021 年,新疆发布了《关于促进畜牧业高质量发展的意见》,明确提出"十四五"末新疆新增牧草种植面积 200 万亩,并继续实施《新疆奶业振兴行动方案(2019—2025 年)》;内蒙古科技厅出台《推进黄河流域草牧业高质量发展扶持政策》,鄂托克前旗出台《鄂托克前旗 2021 年推进农牧业高质量发展扶持政策》等。

(五)部分地区由于自然灾害导致牧草缺乏

2021 年宁夏、甘肃等部分地区受到干旱的影响,牧草产量下降,特别是青贮玉米长势不好,产量比正常年份下降50%左右,甚至在部分地区出现绝产。北方及中原地区等部分区域受到秋季强降水影响,牧草减产幅度

---

① 本书中的概念"草牧业"是指牧草产业和畜牧业结合起来后形成的一种综合产业。

较大，且牧草品质较大程度降低。据国家牧草产业技术体系组织的排查，强降水天气造成的洪涝灾害主要发生在中国华北、东北、西北和华中地区。2021 年受灾面积约为 1,600 万亩，其中，苜蓿受灾面积约有 390 万亩，青贮玉米受灾面积约 1,150 万亩，燕麦草及其他牧草受灾面积约 60 万亩。受灾区域青贮玉米、苜蓿及燕麦草减产幅度处于 20%～50%，且品质受到很大影响。

（六）牧草产品总进口量有所增加，同比增幅收窄

根据联合国贸易数据库的数据，2021 年，中国牧草产品进口总量为 204.52 万吨，同比增加 19%，较 2020 年下降了 3 个百分点。其中，苜蓿干草进口 178.03 万吨，同比增加 31%；燕麦草进口 21.27 万吨，同比减少 36%；苜蓿粗粉及团粒进口 5.23 万吨，同比增加 84%。中国进口的苜蓿干草主要来自美国、西班牙、意大利、加拿大及南非。其中，从美国进口 143.43 万吨，占总进口量的 81%；从西班牙进口 22.73 万吨，占 13%；从加拿大进口 4.67 万吨，占 3%；从南非进口 5.19 万吨，占 3%；其余来自苏丹、意大利及阿根廷。中国燕麦草全部来自澳大利亚。2021 年 2 月澳大利亚多家企业对我国出口燕麦草的许可证到期后未得到续期，致使澳大利亚燕麦草对华出口量仍处于断崖式下跌阶段，至今仍未完全恢复。

二、2021 年牧草产业发展面临的突出问题

（一）优质牧草供应依然趋紧

随着草食畜牧业提质增效发展，对优质牧草需求不断增加。中国苜蓿自给率不足 50%，且品质等级参差不齐，高品质苜蓿更多依赖美国、西班牙等国的进口，特别是在优质牧草层面供不应求局面长期存在。部分区域在各类牧草资源完全利用的前提下，牧草供应仍然紧缺，特别是季节性缺口突出，对外界调草的依赖度很高。云南肉牛养殖企业从甘肃、宁夏、内蒙古等地购入的燕麦草、苜蓿干草均价约 3,500 元/吨，养殖成本已达到

企业承受力的极限。据测算，苜蓿等高产优质人工草地建设用种 60% 仍依赖于进口草种，未来中国优质苜蓿总需求量将超过 500 万吨，对优质苜蓿增量需求大约有 100 万吨的缺口。

（二）全产业科技支撑不足

在高质量发展背景下，牧草产业发展的技术需求依然突出。一是牧草良种繁育、种植、生产加工利用等方面的品种培育、品质改善、牧草越冬、节水控肥、智慧管理、草畜配套种养结合等技术仍需要提升。二是牧草机械难以满足发展需求。牧草全程机械化生产水平偏低，种子生产、储藏运输、牧草产品加工利用等环节的机械装备研发仍不足，机械设备种类较少，适用性及可靠性不足。三是先进技术应用推广能力不足。牧草生产过程管理的信息化监测和控制能力建设较弱，水肥一体化技术、高效灌溉技术的推广应用还不足。

（三）极端天气影响牧草产量及品质

2021 年全国较多地区受季节性降水和水资源短缺的影响，牧草产量和品质出现不同程度的损失。受春旱影响，河西走廊一带灌溉水严重短缺，不利于牧草返青。夏秋季北方大部地区降水过多，影响牧草收割加工，玉米锈病频发，牧草品质和产量均有减少。据对山东临沂调研，玉米、青贮玉米单产同比减少约 25%、20%，推动价格大幅上涨，青贮玉米、麦秸、玉米价格分别为 600 元/吨、800 元/吨、2,900 元/吨，同比分别上涨 66%、33% 和 12%。宁夏夏季气温创 60 年以来的新高，持续高温、降水偏少，牧草减产约 20%，本地牧草供应缺口增至 180 万吨。与此同时，地方政府和牧草生产主体对强降水等突发自然灾害的有效应对能力不足，旱涝防灾减灾配套设施建设滞后，针对极端天气的防灾、抗灾机制尚不健全，进一步加剧了极端天气等自然灾害对牧草生产的冲击。

（四）牧草产业融合发展不足

牧草产业是畜牧业发展的基础，产业的融合发展程度是制约牧草产业发展的重要因素。一是土地资源配置状况抑制种养结合。据部分养殖场反映，一些新建养殖场没有配套足够的牧草种植耕地，流转耕地种植牧草的土地成本过高，养殖场面临粪污资源无法高效充分利用、牧草资源短缺的困境，种养结合难以紧密联系。二是种养一体化的发展理念仍较薄弱。养殖主体在牧草种植技术、发展观念等方面的不足也明显抑制了种养结合，一套成熟且具有带动效应的种养结合示范机制尚未建立。许多地方对草牧业发展认识不到位，"重畜轻草"思想普遍存在，导致人工种草发展滞后于牛羊养殖扩栏速度，许多牛羊养殖场有畜无草、有畜缺草，在很大程度上依赖购买苜蓿、燕麦草等牧草，以维持养殖场正常运转。

三、2022年牧草产业发展趋势分析

（一）牧草产业发展持续向好

在相关政策及草食畜牧业的发展带动下，草业发展持续向好。一是"十四五"规划提出以碳达峰和碳中和应对气候变化的国家自主贡献目标，强调提升生态系统碳汇能力。牧草产业是促进社会经济绿色发展的生态产业，对扩大碳汇储备、推动转型升级具有重要贡献。二是相关利好政策带动。"十四五"全国畜牧兽医行业发展规划提出，每年完成"粮改饲"面积1,500万亩以上。《"十四五"全国饲草产业发展规划》提出，到2025年牧草种子总体自给率达80%以上，其中，苜蓿等重要饲草种子自给率达60%以上。2021年，国务院办公厅印发《关于加强草原保护修复的若干意见》，明确提出大力发展牧草种业，鼓励和支持人工草地建设。2022年，国家将继续实施"粮改饲"、振兴奶业苜蓿发展行动、休耕轮作项目等，由此将带动牧草生产稳定发展。三是草食畜牧业发展带动牧草需求保持增长。随着奶业振兴行动的推进，奶业养殖稳定增长。2021年，国家出台了《推进肉牛肉羊生产发展五年行动方案》，提出到2025年，牛羊肉自给率保持在85%左右；牛羊肉产量分别稳定在680万吨、500万吨左右；牛羊规模养殖比重分别达到30%、50%。四是优质牧草市场需求依然强

劲。随着牧草产业高质量发展，奶业转型升级，以及国家实施的肉牛肉羊增量提质行动项目、山地肉牛产业集群项目，未来牛羊养殖将保持"高效增长"发展，对优质牧草的需求保持增加。

（二）牧草生产稳定发展

2022 年，牧草生产在政策及生产要素供应的态势下降呈现稳定发展的势头。一是牧草种植面积继续扩大，尤其是人工种草不断推进。2022 年，"粮改饲"、振兴奶业苜蓿发展行动的实施，预计将增加 100 万亩的优质苜蓿种植、落实 1,500 万亩的"粮改饲"面积。随着养殖业由数量增长向高质量发展转型，对营养价值高的专用饲草需求逐年增加，因此，2022 年预计优质牧草种植面积明显增加。二是价格及效益持平或下降。2021 年，旱灾影响下牧草价格大幅上涨，预计 2022 年供应偏紧的态势会缓解，价格持平或下降。农资成本方面，2022 年 1 月，化肥价格涨势强劲，部分企业尿素、钾肥报价突破 2,800 元/吨、4,300 元/吨，由此拉高牧草种植肥料费。人工成本方面，由于 2021 年水灾旱灾的影响，导致部分区域牧草种植的人工成本增加。据调研测算，种植苜蓿、青贮玉米的人工成本分别达到 92.49 元/亩、75.44 元/亩。预计 2022 年在突发灾情减少的情况下，人工成本会有所下降。综合分析，牧草种植成本与上年持平或略增，考虑到价格的下跌，预计种植效益保持上年水平或略减。

（三）提质增效仍是牧草产业发展的重点

当前，中国牧草产业高质量发展备受关注。未来，将更加关注优质牧草种植，重视品种培育，促进牧草产业提质增效，增加优质牧草供给能力；依托科技创新，提升生产效率和竞争力，推动优质牧草产业发展；在智慧农业发展背景下，信息化草地建设与管理将逐步重视。内蒙古印发《种业发展三年行动方案（2020—2022 年)》强调推进优质饲草[①]生产基地建设，在黄河、西辽河流域和高寒地区建立豆科、禾本科饲草人工制种基

---

① 相关文件里的"饲草"和本书研究的"牧草"概念相同。

地 20 万亩，建立集中稳定的国产优势苜蓿种子生产基地 3 个，优质饲草展示区 5 个，苜蓿种子保留田面积达到 10 万亩以上，满足 70% 以上新增苜蓿面积用种需求。甘肃出台的《金昌市兴业带富工程暨现代丝路寒旱农业优势特色产业三年倍增行动实施方案》计划到 2023 年，全市优质饲草产量 25 万吨以上，年育苗供应量达到 18 亿株以上。

（四）种养结合绿色循环草牧业模式逐步发力

中国"双碳"目标提出二氧化碳排放力争于 2030 年前达到峰值，努力争取 2060 年前实现碳中和。中国农业占全球 9% 的耕地，有巨大潜力能够为世界减碳作出卓越贡献，牧草业在实现"双碳"目标起到重要作用。首先，种养结合绿色循环草牧业发展模式可以提升粮草作物及农作物秸秆的利用效率，实现秸秆资源的高效利用；其次，在种植过程中，种养结合绿色循环草牧业发展模式可以有效减少种植周期中所消耗的资源，可以改良土壤、以肥补水、以土蓄水，推进牲畜粪污资源化利用。未来绿色循环草牧业发展模式将持续发力。

四、2022 年牧草产业发展建议

（一）完善牧草产业政策，加强制度保障

一是继续稳固推进已实施政策。在国家实行牧草相关政策背景下，各地积极推进牧草产业发展，出台相应牧草产业扶持配套政策。二是加大对进口机械的补贴力度，重视国产机械研发支持。建议出台节水牧草产业的政策扶持，以及撂荒地、丘陵、干旱地区开展牧草生产及运输的相关政策支持。三是健全金融保险扶持政策。深入推进财政资金撬动金融资本支持牧草标准化种植试点，探索采用信贷担保、贴息、补助等方式，引导金融资本支持牧草产业发展。创新金融产品和服务方式，完善农户小额信贷和联保贷款等制度，加大对龙头企业、合作社、家庭农（牧）场等新型经营主体的支持力度。加大高效低损耗牧草收获加工社会化服务体系培育，提

升牧草生产防灾减灾应急处置能力。

（二）重视科技创新，强化基础研发及技术推广

结合未来牧草产业高质量发展需要，加大基础研究扶持力度，重视科技创新，围绕提质增产增效，实现牧草产业高质量发展；加强科研成果应用转化力度，打造一批现代化草产业科技示范园区、绿色种养示范区，逐步牧草产业发展技术水平；加强"产—供—销"一体化建设，将集成技术成果积极转化到企业中，加强与企业合作，建立农业科技成果转化的机制，做到"产学研"相结合。

（三）突出龙头带动，推进牧草产业品牌建设

培育牧草产业企业集群，坚持"扶优、扶强、扶大"的发展原则，重视和扶持地方龙头牧草种植及加工企业的发展；着力打造绿色牧草产业品牌，按照高产、优质、高效、生态、安全的标志，建设一批标准化草原品牌原料加工基地，提高牧草产品竞争力，坚持科技先导，创新体制机制，最大限度提高附加值；推动形成牧草产业利益联结机制，鼓励龙头企业与牧民通过联户合作、专业合作等形式建立草业利益联结机制，以租赁、股份合作等方式整合生产要素，鼓励和扶持打储牧草专业合作社采购大型先进的专业机械，提高牧草产品生产加工的组织化、专业化、机械化水平。

（四）实施种业兴草战略，提升种业自给水平

一是要建立牧草种质资源精准鉴定评价体系。围绕产量、品质、抗病虫等方面，精选优质牧草资源。二是开展牧草品种培育及品系改良，结合提高结实率、生物量，降低落粒裂甲为核心，集中精力培育优良牧草品种。三是重视制种基地扶持建设，扶持扩建或新建制种基地，推进种子扩繁"高质量"发展，探索龙头企业带动的种业生产模式。四是完善牧草种子质量控制和市场监管体系，加大牧草产品质量抽检，建立牧草种子生产认证制度，防止引进伪劣牧草种子、防止购置低质或不合格的牧草产品。

"十三五"时期中国苜蓿产业科技进步贡献变动及"十四五"展望*

张　浩　王明利　李旭君　梁耀文

　　发展牧草产业对于中国实现畜牧业高质量发展、推进农业供给侧结构性改革、适应食品消费结构的时代转变等具有重要意义（高海秀等，2019）。苜蓿因其粗蛋白质含量高、单产高、草质优良等特性被称为"牧草之王"，是目前全球范围分布最广泛的栽培牧草。有关研究表明，在肉牛、肉羊饲养中，添加一定比例的苜蓿可以有效提升肉质；在生猪日粮中添加苜蓿草粉，能够提高胴体瘦肉率和能繁母猪 PSY[①]（李清忠，2013）。但由于国内苜蓿价格高昂，养殖场户将苜蓿主要用于饲喂中高产泌乳牛，能够显著提升牛奶产量、乳蛋白质和非脂乳固体含量（王玲，2018）。2008 年"三聚氰胺"事件发生后，中国政府极大地提高了对乳业和草牧业的重视程度，相继推行"振兴奶业苜蓿发展行动""粮改饲"项目、种养结合模式试点等。近几年的中央一号文件也多次提及要大力发展牧草产业，支持牧草种植，对中国的牧草产业发展起到促进作用（石自忠、王明利，2021）。"十三五"时期，中国苜蓿产业得到了迅猛的发展。据 2019年《中国草业统计年鉴》数据可知，2019 年中国苜蓿商品草种植面积约为 659 万亩，较 2015 年增长了 1.54%；苜蓿商品草[②]产量为 384 万吨，较2015 年增长了 4.20%，苜蓿的种植面积和产量稳步上升。苜蓿产业的快速发展，既是中国畜牧业高质量发展的客观需要，也得益于国家对苜蓿产业投入的持续增加，同时还离不开科技的有力支撑。

---

* 该研究部分成果拟发表于《中国农业资源与区划》，刊期待定。
① 能繁母猪 PSY 是指每只母猪每年能够提供的仔猪头数。
② 苜蓿商品草指专门用于生产以市场流通交易为目的的商品苜蓿，是本书研究中"牧草"概念中的一部分。

科技进步贡献率是衡量技术进步对于经济增长的贡献份额，是中国各级政府行政部门进行决策与评价的一个重要指标。农业技术进步有狭义和广义之分，狭义农业技术进步是指仅包含自然科学技术的科技进步。广义农业技术进步除了包含狭义农业技术进步的内容外，还包括决策管理、制度创新等人文科学的进步。在《国家中长期科学与技术发展规划纲要(2006—2020年)》中明确提出了对未来科技进步贡献率的发展目标（赵芝俊、袁开智，2009），该目标则更加侧重于狭义的科技进步（张煜、孙慧，2015）。为了对中国苜蓿产业技术效率与技术进步进行定量分析，已有部分学者开展了相关研究。刘玉凤等（2014）分析发现人工费与种子费对苜蓿产量的贡献份额分别为27.24%和17.21%，与要素投入相比，技术进步是推动苜蓿产业发展的最主要力量，据此测得中国苜蓿产业科技进步贡献率为49.4%；王文信等（2016）运用数据包络分析方法（data envelopment analysis，DEA）测算出河北省黄骅市种植苜蓿的技术效率达到0.77，并认为当地苜蓿种植还尚处粗放阶段；王丽佳（2017）基于甘肃省民勤县的农户调研数据，测算得出当地农户种植苜蓿的技术效率为0.87。同时指出，影响苜蓿生产技术效率的因素包括农户受教育程度、机械设备、新技术的应用、温度等；石自忠和王明利（2019）运用随机前沿分析方法（stochastic frontier analysis，SFA）测算得出2011~2017年中国苜蓿产业技术效率平均为0.85；武延琴等（2021）基于2015~2019年甘肃省调研数据，测算得出甘肃省牧草产业技术效率平均为0.78，劳动力要素弹性与资本要素弹性分别为0.33和0.56，全要素生产率（total factor productivity，TFP）年均增速为2.41%。

总体来看，当前中国苜蓿产业仍处于发展的初级阶段，面临着高产优质草种短缺、生产加工能力弱、经营管理粗放、技术推广滞后的窘境。现有研究为中国苜蓿产业发展提供了一定的理论参考，但由于数据获取、模型方法选取上的差异，导致不同学者测算得出的结果差距较大。同时，针对"十三五"时期中国苜蓿产业科技进步的研究较少，且数据缺乏广泛性和代表性，对于新时期中国苜蓿产业高质量发展指导意义不强。为了更加准确地把握"十三五"时期中国苜蓿产业科技进步对于产业发展的推动作用，本书基于 2015～2020 年国家牧草产业技术体系产业经济研究室跟踪的苜蓿生产微观数据，选择具有广泛适用性，能够将非技术进步要素剔除在外的超越对数生产函数随机前沿分析方法，对中国 10 个省（区）的苜蓿产业技术进步率进行测算与分解，更好地明晰技术进步对于产业发展的贡献份额，并有针对性地提出政策建议。

一、模型构建及测算方法

目前，关于科技进步对经济增长贡献的测定方法较多，并在不断发展和完善之中，各有其优点和局限性。已有学者基于不同视角对这些方法进行了归纳分类，主要包括柯布—道格拉斯（C－D）生产函数、参数方法—随机前沿分析法（SFA）、非参数方法—数据包络分析（DEA）三类（王茨、郭碧銮，2010）。由于随机前沿分析法可以将非技术进步要素剔除在外，得出逐年的技术进步贡献率，故本文运用随机前沿分析法。首先，构建苜蓿随机前沿生产函数模型，并对模型涉及的参数进行估计。其次，对苜蓿产业的技术进步进行分解。将广义农业技术进步分解为苜蓿产业狭义技术进步率、规模报酬收益变动率与技术效率变动率，其中，苜蓿产业狭义技术进步率又可分为中性技术进步与偏性技术进步。最后，根据模型拟合结果及分解结果计算苜蓿产业科技进步贡献率。

（一）随机前沿生产函数模型

随机前沿生产模型的理论最早由爱格纳（Aigner，1977）等和梅森（Meeusenm，1977）等首先分别提出。随机前沿生产函数模型的一般形式如式（1）所示：

$$y = f(x_{ij}, t, \beta) e^{(v-u)} \tag{1}$$

其中，y 是实际产出；x_{ij} 是投入要素向量；$f(\cdot)$ 为确定性前沿产出；β 为待估计的参数；t 为技术变化的时间趋势变量 $t = 1, 2, \cdots, T$；$e^{(v-u)}$ 为误差项，表示实际产出与最大可能产出的差，$0 \leq e^{(v-u)} \leq 1$，v 为观测误差和其他随机因素，u 是用于衡量相对前沿技术效率水平的技术非效率指数，$u \geq 0$，独立于统计误差 v。

在测定"十三五"时期中国苜蓿产业科技进步贡献率时，本文以随机前沿模型为基础，选取超越对数生产函数进行实证分析，模型具体形式如式（2）所示：

$$
\begin{aligned}
\ln Y_{it} =\ & \beta_0 + \beta_1 \ln S_{it} + \beta_2 \ln L_{it} + \beta_3 \ln F_{it} + \beta_4 \ln M_{it} + \beta_5 \ln O_{it} \\
& + \beta_6 (\ln S_{it})^2 + \beta_7 (\ln L_{it})^2 + \beta_8 (\ln F_{it})^2 + \beta_9 (\ln M_{it})^2 \\
& + \beta_{10} (\ln O_{it})^2 + \beta_{11} (\ln S_{it})(\ln L_{it}) + \beta_{12} (\ln S_{it})(\ln F_{it}) \\
& + \beta_{13} (\ln S_{it})(\ln M_{it}) + \beta_{14} (\ln S_{it})(\ln O_{it}) + \beta_{15} (\ln L_{it})(\ln F_{it}) \\
& + \beta_{16} (\ln L_{it})(\ln M_{it}) + \beta_{17} (\ln L_{it})(\ln O_{it}) + \beta_{18} (\ln F_{it})(\ln M_{it}) \\
& + \beta_{19} (\ln F_{it})(\ln O_{it}) + \beta_{20} (\ln M_{it})(\ln O_{it}) + \beta_{21} T + \beta_{22} T^2 \\
& + \beta_{23} (\ln S_{it})(T) + \beta_{24} (\ln L_{it})(T) + \beta_{25} (\ln F_{it})(T) + \beta_{26} (\ln M_{it})(T) \\
& + \beta_{27} (\ln O_{it})(T) + (v_{it} - u_{it})
\end{aligned}
\tag{2}
$$

其中，Y_{it} 为第 i 个生产者在 t 期的苜蓿生产单位产出；S_{it}、L_{it}、F_{it}、M_{it}、Q_{it} 为第 i 个生产者在第 t 期的种子投入、人工投入、肥料投入、机械投入、其他投入；β_i 为待估参数。各个投入变量的一次项为短期内对产出变量的影响；二次项为长期对产出变量的影响；交叉项为两两投入变量之间的相互作用对产出变量的影响（周杨、郝庆升，2018）。v_{it} 和 u_{it} 为第 i 个省市第 t 年的随机误差项和技术无效率项，假定 v 服从正态分布 $N(0, \sigma_v^2)$，u 服从截断正态分布 $N(0, \sigma_v^2)$。在此基础上可以进一步测得技术进步率和科技进步贡献份额。

（二）技术进步率的测算

根据昆巴卡尔（Kumbhakar）对于生产率分解的研究，广义技术进步率可分解为以下四个部分：狭义的技术进步率、技术效率变动率、规模报酬收益变动率和要素配置改进收益（刘玲利，李建华，2007），广义技术进步率的分解方程如式（3）所示：

$$
\begin{aligned}
TFP =\ & \dot{TP} + \sum_j (\varepsilon_j - S_j) \frac{\mathrm{d} \ln X_j}{\mathrm{d} t} + \dot{TE} \\
=\ & \dot{TP} + (\varepsilon - 1) \sum_j \frac{\varepsilon_j}{\varepsilon} \frac{\mathrm{d} \ln X_j}{\mathrm{d} t} + \sum_j (\varepsilon_j - S_j) \frac{\mathrm{d} \ln X_j}{\mathrm{d} t} + \dot{TE}
\end{aligned}
\tag{3}
$$

其中，*TFP* 表示广义技术进步率。*TP* 表示狭义技术进步率；$(\varepsilon-1)\sum\limits_{j}\dfrac{\varepsilon_j}{\varepsilon}\dfrac{\mathrm{d}\ln X_j}{\mathrm{d}t}$ 代表规模报酬收益变动率，其中，$X_j(j=1,2,3,\cdots,n)$ 依次代表种子投入 S_{it}、人工投入 L_{it}、肥料投入 F_{it}、机械投入 M_{it}、其他投入 O_{it}；ε_j 表示投入要素的产出弹性，$\varepsilon=\sum\varepsilon_j$；$\sum\limits_{j}(\varepsilon_j-S_j)\dfrac{\mathrm{d}\ln X_j}{\mathrm{d}t}$ 表示要素配置改进收益，其中，S_j 是第 j 种要素的成本与所有要素成本的比值；*TE* 是技术效率变动率，由技术效率对时间 t 求偏导得到。

如果资本要素和劳动力要素能够充分流动，要素都会追求最高的价格、企业则追求最大利润，在这种状态下，资源配置效率对生产率增长的贡献应该趋于零。且现有研究也指出资源配置效率对产出的增长影响并不显著，因此要素配置改进收益可以忽略不计（涂正革、肖耿，2005）。换言之，$\dfrac{\varepsilon_i}{\varepsilon}\approx S_i$。从而得到简化的昆巴卡尔（Kumbhakar）分解公式如式（4）所示：

$$TFP = TP + (\varepsilon-1)\sum_{i}\dfrac{\varepsilon_i}{\varepsilon}\dfrac{\mathrm{d}\ln X_j}{\mathrm{d}t} + TE \tag{4}$$

根据研究目的，广义技术进步率可以用苜蓿产业狭义技术进步率、规模报酬收益变动率与技术效率变动率之和来表示，狭义技术进步率具体计算公式如式（5）所示：

$$TP = \dfrac{\partial\ln F(\ln X_i,\ t)}{\partial t} = (\alpha_1+\alpha_2 t) + \sum_{i=1}^{3}\beta_{Ai}\ln X_j \tag{5}$$

其中，$(\alpha_1+\alpha_2 t)$ 表示中性技术进步；$\sum\limits_{i=1}^{3}\beta_{Ai}\ln X_j$ 表示对单个投入要素发挥作用的偏性技术进步。结合本研究的具体内容，将式（5）代入式（2），可得式（6）：

$$TP = (\beta_{21}+\beta_{22}t) + (\beta_{23}\ln S_{it}+\beta_{24}\ln L_{it}+\beta_{25}\ln F_{it}+\beta_{26}\ln M_{it}+\beta_{27}\ln O_{it}) \tag{6}$$

技术效率变动率是指技术效率的变化情况，技术效率等于可观测的实际产出与随机前沿产出的比值，计算公式如式（7）所示：

$$TE = \dfrac{y}{y^*} = \dfrac{\exp(\beta_0+\beta_1\ln x_j+\nu-\mu)}{\exp(\beta_0+\beta_1\ln x_j+v)} = \exp(-\mu) \tag{7}$$

其中，y 为可观测的实际产出，y^* 随机前沿产出，β_i 为参数；ν 为统计噪声，μ 为与技术无效有关的非负随机变量，两者共同组成随机扰动项。

规模报酬收益变动率（SRC）通过产出弹性和要素投入增长率数据计算得出。其中，x_j 产出弹性 ε_j 计算公式如式（8）所示：

$$\varepsilon_j = \frac{\partial \ln F(\ln X_j, t)}{\partial \ln X_j} = (\beta_j + \beta_{Aj}t) + \sum_{j=1}^{3} \beta_{ij} \ln X_j \qquad (8)$$

其中，ε_j 可以分为三个部分：一是固定弹性值 β_j；二是随时间变动的部分 $\beta_{Aj}t$，其具体大小与该要素偏性技术进步作用有关；三是随要素投入量变动的部分 $\sum_{j=1}^{3} \beta_{kj} \ln X_j$，其具体大小与 β_{kj} 有关，$\beta_{kj}(k \neq j)$ 表示要素投入之间的交互作用。

规模报酬指数为各要素弹性之和，即为式（9）：

$$\varepsilon = \varepsilon_S + \varepsilon_L + \varepsilon_F + \varepsilon_M + \varepsilon_O \qquad (9)$$

规模报酬收益变动率计算公式为式（10）：

$$SRC = (\varepsilon - 1) \sum_j \frac{\varepsilon_i}{\varepsilon} \frac{\mathrm{d}\ln X_j}{\mathrm{d}t} \qquad (10)$$

（三）科技进步贡献率的测算

科技进步贡献率（$TPCR$）是技术进步率与当年总产值增长率的比值（董恒敏、李柏洲，2015）。苜蓿产业科技进步贡献率是指在总产出增长中，技术进步作用所占的比率。科技进步贡献率的计算公式为式（11）：

$$TPCR = \frac{TP}{Y'/Y} \qquad (11)$$

二、数据来源与估计结果

（一）数据来源

本文数据来源于国家牧草产业技术体系产业经济功能研究室对苜蓿生产的跟踪调研，结合研究目的，选取 2015～2020 年中国苜蓿商品草生产投入、产出相关数据进行分析，包含河北、内蒙古、宁夏、四川、山西、新疆、黑龙江、吉林、陕西、山东共 10 个省（区）。剔除无效数据后，最终得到包括 166 个样本 6 年的面板数据，共 996 户次。从样本分布来看，基本覆盖中国苜蓿高、中、低产区，因此能够较好地代表中国苜蓿产业的整体水平。

（二）变量选取

"十三五"时期中国苜蓿投入产出基本情况如表 1 所示。因变量为苜蓿单位产值，以苜蓿商品草单位产量与单位价格的乘积来表示；各解释变量为种子费、人工费、肥料费、机械费和其他费用（农药费、水电费等）。为了剔除价格因素的影响，本文以 2015 年为基期，将苜蓿单位产值、种子费、机械费、肥料费、人工费和其他费用通过农业生产资料价格指数进行平减。需要说明的是，由于模型设定是单位面积下的投入与产出，所以要素投入不考虑土地成本。

表 1　　　　　2015～2020 年中国苜蓿投入产出基本情况

年份	产量 （千克/亩）	价格 （元/千克）	种子费 （元/亩）	人工费 （元/亩）	肥料费 （元/亩）	机械费 （元/亩）	其他费用 （元/亩）
2015	549.46	1.47	25.37	82.03	82.71	106.52	81.17
2016	720.19	1.58	30.65	121.60	83.74	130.59	76.02
2017	725.75	1.59	31.97	126.75	81.83	143.27	74.78
2018	749.16	1.70	33.55	132.81	87.78	131.67	43.23
2019	729.98	1.67	37.39	130.75	87.21	127.59	56.88
2020	751.63	1.83	38.90	140.49	89.23	128.62	58.86

资料来源：国家牧草产业技术体系产业经济功能研究室对苜蓿生产的跟踪调研。

根据苜蓿生产投入产出变化情况来看，"十三五"时期中国苜蓿年均产量为 735.34 千克/亩，平均价格为 1.67 元/千克，平均投入成本为 445.23 元/亩，平均纯收益为 754.52 元/亩，年均成本收益率为

165.16%。2020 年苜蓿平均亩产为 751.63 千克/亩，较 2015 年提高了 36.80%。总体来看，苜蓿平均亩产在 2016 年提升幅度较大，随后几年保持平稳，这主要是由于第二轮草原生态保护补助奖励政策取消了牧草良种补贴和生产资料综合补贴，致使 2016 年后"种草骗补"等行为得到有效遏制。2020 年苜蓿平均价格为 1.83 元/千克，较 2015 年提高了 24.49%，呈现出持续上升趋势；总投入为 456.09 元/亩，较 2015 年提高了 20.72%，种植投入连年攀升。

（三）模型检验估计

长期以来，随机前沿函数模型争议最大的问题在于不同形式的生产函数会产生不同的分析结果，函数形式的设置直接关系到结论的正确与否。对此，文章针对模型的设定作了 5 个方面的假设检验，分别是：（1）检验随机前沿模型的适用性；（2）检验生产函数形式，即检验超越对数（translog）函数和柯布道格拉斯函数哪个更为合适；（3）检验随机前沿模型中是否存在技术变化；（4）检验模型技术变化是否为希克斯中性；（5）检验技术效率是否具有时变性。具体结果如表 2 所示。

表 2　　　　　　　　　　　模型设定检验结果

检验	原假设	llf	lr	自由度 k	$\chi^2_{1-0.05}(k)$	检验结论
1	$\gamma = 0$	690.195	22.992	3	7.05	拒绝
2	二次项系数 = 0	120.443	1,139.504	3	7.05	拒绝
3	时间项等 = 0	598.558	183.273	3	7.05	拒绝
4	时间交乘项 = 0	632.810	114.770	3	7.05	拒绝
5	$\eta = 0$	626.892	126.606	2	5.14	拒绝

注：llf 表示对数似然值，lr 表示检验统计量，$\chi^2_{1-0.05}(k)$ 为临界值。

从表 2 中 LR 检验结果可以看出，以上五个假设均拒绝原假设。检验表明，C－D 生产函数不适用于本文；在研究期内，中国苜蓿产业生产过程存在着希克斯非中性技术进步；技术效率会随时间变化，并存在技术无效率项。这说明采用超越对数随机前沿分析方法更为合理，能够较好地体现出中国苜蓿产业生产技术效率及技术进步情况。

（四）模型估计结果

基于所建立的随机前沿分析模型，运用 Stata 16.0 软件对面板数据进行回归，相关变量的估计系数见表3。

表3　　　　　　随机前沿分析模型估计结果及显著性

变量	估计系数	Z 检验值	变量	估计系数	Z 检验值
$\ln S_{it}$	2.091 ***	14.22	$\ln F_{it}\ln M_{it}$	−0.026 **	−2.47
$\ln L_{it}$	0.618 ***	4.92	$\ln F_{it}\ln O_{it}$	−0.003	−0.95
$\ln F_{it}$	0.366 ***	3.64	$\ln M_{it}\ln O_{it}$	−0.001	−0.11
$\ln M_{it}$	0.036	0.32	T	0.073 *	1.87
$\ln O_{it}$	0.195 ***	3.15	T^2	−0.005 **	2.43
$\ln S_{it}^2$	−0.149 ***	−5.81	$T\ln S_{it}$	0.006	0.77
$\ln L_{it}^2$	0.010	0.77	$T\ln L_{it}$	−0.006	−0.92
$\ln F_{it}^2$	0.007 *	1.71	$T\ln F_{it}$	0.004	0.84
$\ln M_{it}^2$	0.047 ***	5.46	$T\ln M_{it}$	−0.005	−1.19
$\ln O_{it}^2$	−0.020 ***	−6.93	$T\ln O_{it}$	0.005	1.16
$\ln S_{it}\ln L_{it}$	−0.114 ***	−4.52	$Constant$	−0.129	−0.58
$\ln S_{it}\ln F_{it}$	−0.037 *	−1.66	σ^2	0.035 ***	15.93
$\ln S\ln M$	−0.049 **	−2.07	σ_{it}	0.069 ***	17.40
$\ln S_{it}\ln O_{it}$	−0.033 **	−2.26	σ_v	0.173 ***	24.69
$\ln L_{it}\ln F_{it}$	−0.022 **	−2.15	Log likelihood	690.195	
$\ln L_{it}\ln M_{it}$	−0.009	−0.56	截面数量	166	
$\ln L_{it}\ln O_{it}$	0.002	0.19	Observations	996	

注：*** 、** 和 * 表示在 1%、5% 和 10% 的水平上显著。

结果显示，多数变量在 10% 水平上的显著，且对数似然函数值（Log likelihood）相对较大，表明该模型拟合效果良好。$\sigma^2 = (\sigma_v^2 + \sigma_u^2)$ 和 $\gamma = \sigma^2 / (\sigma_v^2 + \sigma_u^2)$ 都在 1% 的水平上显著，另外，经计算 γ 值为

0.856，说明技术无效率是复合误差项的主要来源，随机误差在复合误差中的比例很小，控制投入要素和其他不可控因素后，技术无效率导致85.6%的样本户未达到前沿面的产出水平；时间变量 T 和 T^2 均通过了检验，但都趋近于 0 说明苜蓿生产技术进步缓慢。

三、生产效率及科技进步贡献分析

（一）苜蓿生产技术效率总体水平

生产技术效率指生产者从给定的一组投入获取最大产出的能力，技术效率提高意味着生产者能成功地从一个给定的投入生产集中尽可能得到较大的产出。根据前文对随机前沿生产函数的估计结果，可以得出中国苜蓿生产的前沿产出，实际产出与前沿产出的比值即为苜蓿生产技术效率。使用数据分析软件 Stata 16.0 对调研数据和前沿产出数据进行计算，得到"十三五"时期各省苜蓿生产技术效率，测算结果如表 4 所示。

表 4　　　　　　　"十三五"时期各省区苜蓿生产技术效率

省（区）	2016 年	2017 年	2018 年	2019 年	2020 年	均值
河北	0.9208	0.8024	0.8822	0.8547	0.9199	0.8760
黑龙江	0.9078	0.8584	0.8842	0.8747	0.9178	0.8886
吉林	0.9163	0.8673	0.8650	0.8511	0.8525	0.8704
内蒙古	0.9103	0.8267	0.8997	0.8538	0.8991	0.8779
宁夏	0.8727	0.8893	0.9117	0.8564	0.9015	0.8863
山东	0.9510	0.9095	0.8734	0.8793	0.8597	0.8946
山西	0.8954	0.9210	0.8927	0.8492	0.8689	0.8854
陕西	0.8878	0.8503	0.8887	0.8514	0.8991	0.8755
四川	0.7723	0.7610	0.7829	0.7949	0.8203	0.7863
新疆	0.8958	0.8177	0.8666	0.8431	0.8793	0.8605
均值	0.8993	0.8469	0.8858	0.8523	0.8914	0.8751

资料来源：根据模型运行结果整理所得。

从全国层面来看，中国苜蓿产业在"十三五"时期技术效率均值为 0.8751，较 2015 年增长了 6.03%，年际间略有波动，整体处于较高水平。从空间分布来看，"十三五"时期山东苜蓿生产技术效率最高，平均达到 0.8946；四川苜蓿生产技术效率最低，平均为 0.7863。苜蓿产业的发展与当地自然条件、基础设施、政策支持等因素密切相关，中国不同区域的苜蓿生产技术效率存在较大差距。宁夏种植苜蓿历史悠久，自然条件适宜苜蓿生长。黑龙江是传统产粮大省，随着"粮改饲"项目的开展以及在种植苜蓿较高的比较效益驱动下，苜蓿生产效率得到迅速提高；河北、山东作为传统草食畜牧业大省，对苜蓿需求量较大，继而推动了当地苜蓿产业的发展，苜蓿生产者更加注重技术效率的提升；内蒙古、山西等省（区）近年来随着基础设施和农机社会化服务组织的完善，苜蓿生产技术效率得到了有效的提升；部分省（区）如四川，受到地形影响，连片土地耕作面积较少，地块小且分散，不适宜大规模机械作业，苜蓿产业发展受到制约，影响苜蓿生产效率的提升。

（二）苜蓿生产技术效率的影响因素分析

通过前文测算结果可知，"十三五"时期中国苜蓿产业技术效率整体处于提升状态，区域差异明显。接下来一个时期，中国苜蓿产业发展的重点在于进一步提升技术效率，协调区域发展。这就需要深入分析影响苜蓿产业技术效率的关键因素，为后续产业发展政策找准发力点提供参考。苜蓿产业生产技术效率除受到本身资源配置外，还会受到多方面因素的影响。参考现有研究的基础上，选取生产者受教育程度、机械化水平、组织化程度、气象灾害冲击等因素，对苜蓿生产效率损失进行分析。以受教育年限（A_1）作为对生产者受教育程度的考察；选取机械拥有量（A_2）作为反映苜蓿种植机械化水平的指标；选取是否加入合作社（A_3）作为衡量组织化程度的重要指标；选取本地区是否受灾（A_4）来反映自然灾害对苜蓿生产效率的影响。成本效率损失函数的具体表达式为式（12）：

$$U_{it} = \alpha_0 + \alpha_1 A_1 + \alpha_2 A_2 + \alpha_3 A_3 + \alpha_4 A_4 + \omega \qquad (12)$$

其中，U_{it} 表示苜蓿生产过程中损失程度，$A_n（n = 0，1，2，3，4）$为影响成本非效率的各项因素，α_n($n=0$，1，2，3，4）为待估参数，ω 为随机误差项（许佳彬、王洋，2021）。对苜蓿生产技术效率损失函数进行估计，结果如表5所示。

表5 苜蓿生产技术效率损失函数参数估计结果

解释变量	参数	系数值	T统计量
A_1	α_1	-0.005^{***}	-5.33
A_2	α_2	-0.006^{***}	-4.26
A_3	α_3	-0.009	-1.41
A_4	α_4	0.024^{***}	3.51
常数项	α_0	0.184^{***}	25.45
观察值		996	
F		28.54	

注：***、** 和 * 表示在1%、5%和10%的水平上显著。

根据表5结果可得到本文具体的生产效率损失函数为式（13）：

$$U_{it} = 0.184 - 0.005A_1 - 0.006A_2 - 0.009A_3 + 0.024A_4 + \omega \qquad (13)$$

从苜蓿生产非效率函数参数估计结果来看：受教育年限（A_1）的参数值在1%的水平上显著为负，即受教育年限越长生产效率损失越低，苜蓿生产效率越高，这主要是由于苜蓿生产者受教育程度越高，对新技术的接受程度越高，田间管理更规范，有利于提高生产效率。

机械拥有量（A_2）的参数值在1%的水平上显著为负，说明机械对苜蓿生产效率影响显著。一般来说，机械拥有量越多，在苜蓿生产中机械化程度越高，越有利于节省人工劳动，提高生产效率，而且苜蓿收获的时效性要求较高，相应地对大规模机械化及配套性要求也较高。

是否加入合作社（A_3）的参数值为负，但结果不显著，这主要是由于调研样本户中加入合作社的比例较低。此外，牧草产业组织化发展水平整体较低，现有合作社组织主要提供基础性服务，在技术支持等方面作用有限，对苜蓿生产效率的提升作用不明显。

是否受灾（A_4）的参数值在1%水平上显著为负，一方面是由于苜蓿收割窗口期较短，且收获时间点多逢雨季，苜蓿生产受自然条件影响较大；另一方面是由于"十三五"期间部分省（区）自然灾害多发，如河北、山东等地多次发生旱涝灾害，导致苜蓿减产，严重影响苜蓿生产效率。

（三）苜蓿生产技术进步率与科技进步贡献率分析

根据式（9）计算得到各投入要素的产出弹性。其中，种子的产出弹性最大，且年均产出弹性为0.5498，劳动力的年均产出弹性为0.4005，二者是对苜蓿产业影响较为显著的投入要素，说明种子费和人工费对于苜蓿产业产值增加的影响较大。除各投入要素的影响外，科技是当前制约苜蓿产业发展更为重要的因素，因此本文将重点聚焦到科技进步对苜蓿产业发展的贡献程度及变化情况。科技进步贡献率是反映一个国家或地区经济增长中技术进步所占份额的相对量。苜蓿产业科技进步贡献率数值的高低不能说明该地区苜蓿产业科学技术水平的高低，只能反映出各地区苜蓿产业发展对科技进步的依赖程度。将表3中的参数估计结果代入式（6）中，计算得到"十三五"时期苜蓿产业技术进步率，结果如图1所示。

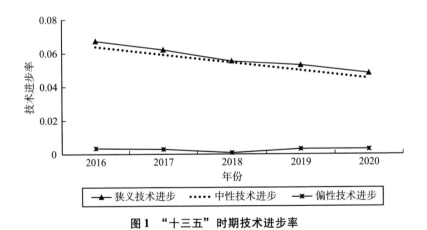

图1 "十三五"时期技术进步率

狭义的技术进步可分为中性技术进步和偏性技术进步，中性技术进步是指在生产各投入要素中的比例是保持不变的技术进步；而偏性技术进步是指出于对昂贵要素的节约,生产投入要素的比例发生了侧重的技术进步。由图1可以看出,目前中国苜蓿产业偏性技术进步占狭义技术进步的比例很小,中性技术进步仍是中国技术进步的主要类型;同时还可以发现,"十三五"时期苜蓿产业技术进步率呈现出下降趋势,主要是由于中国苜蓿产业起步较晚,前期处在高速发展阶段,技术进步较快,当前处于平稳发展时期,技术研发和应用面临着边际递减效应,与高速发展阶段的技术进步率相比,呈现下降趋势;此外,由于2016年第二轮草原生态保护补助奖励政策较上轮政策实施内容做了调整,取消部分补贴,各地种草积极性和采用新技术的意愿也有所下降。

"十三五"时期,中国苜蓿产业狭义技术进步率为0.0572,广义技术进步率为0.0698,在广义技术进步率的各个组成部分中,狭义技术进步率始终是最主要的成分,占据了大部分的比重。但由于中国地域辽阔,不同省(区)间的区域特征和产业结构差异较为明显,导致各地苜蓿产业发展不平衡。如表6所示,从空间分布来看,狭义技术进步率最高的省是陕西,平均达到0.0655;宁夏和黑龙江次之,苜蓿产业狭义技术进步率分别为0.0607和0.0574。上述三个省苜蓿产业技术进步率高于全国平均水平。这些省具有适宜苜蓿生长的气候条件、方便大型机械作业的大规模连片土地,且当地政府拥有发展苜蓿产业的动力,吸引了一大批专业化龙头企业示范建设,具备技术进步驱动产业发展的基础;同时是《全国草食畜牧业发展规划(2016—2020年)》中苜蓿产业布局重点发展省,专业化产业集群程度较高。先后形成了宁夏黄河灌区、陕北榆林风沙区等苜蓿产业集群区。在这些因素的综合作用下,技术进步呈现出的区域特征为西北和东北地区苜蓿种植的技术进步率高于西南地区。

表6   "十三五"时期苜蓿产业省域层面技术进步率及其分解

省份	技术效率变动率	规模报酬收益变动率	亩均产值增长率(%)	偏性技术进步率	狭义技术进步率	广义技术进步率	狭义科技进步贡献率(%)	广义科技进步贡献率(%)
河北	0.0432	-0.0048	13.27	-0.0020	0.0525	0.0909	39.57	68.51
黑龙江	0.0169	-0.0011	13.35	0.0029	0.0574	0.0732	43.01	54.86

续表

省份	技术效率变动率	规模报酬收益变动率	亩均产值增长率（%）	偏性技术进步率	狭义技术进步率	广义技术进步率	狭义科技进步贡献率（%）	广义科技进步贡献率（%）
吉林	0.0104	-0.0002	9.93	0.0002	0.0547	0.0649	55.12	65.40
内蒙古	0.0244	-0.0029	13.57	0.0023	0.0568	0.0783	41.82	57.69
宁夏	0.0111	-0.0024	8.48	0.0062	0.0607	0.0694	71.61	81.82
山东	-0.0078	-0.0035	7.46	0.0007	0.0552	0.0439	73.98	58.82
山西	0.0079	-0.0011	8.88	0.0025	0.0570	0.0639	64.27	71.95
陕西	0.0032	-0.0085	8.47	0.0110	0.0655	0.0602	77.29	71.09
四川	0.0168	-0.0011	7.68	-0.0010	0.0535	0.0691	69.66	90.00
新疆	0.0082	-0.0024	11.39	-0.0003	0.0541	0.0600	47.56	52.67
均值	0.0155	-0.0029	10.89	0.0023	0.0572	0.0698	52.50	64.07

2020 年监测点苜蓿亩均产值为 1,336.82 元，较 2015 年增长了 539.49 元，产值年均增长率为 10.89%。根据式（11）可以得出"十三五"时期狭义科技进步贡献率为 52.50%，广义科技进步贡献率为 64.07%。技术进步在苜蓿产业产值增长中所占比重已超过一半，说明技术进步已成为中国苜蓿产业保持增长的主要动力。但与牧草产业发达国家相比，仍有较大的差距。这一方面是由于中国苜蓿产业整体起步较晚，生产经营体系尚不完善；另一方面也说明中国苜蓿产业的科学技术水平、研发水平和科技成果转化能力相对较低，苜蓿产业的科学技术水平亟待提高。

四、"十四五"时期苜蓿产业科技进步展望

提升农业产业质量、效益和竞争力必须依靠科技进步，苜蓿产业也不例外。中国苜蓿产业发展既受到人多地少基本国情的刚性制约，也受到牧草生产"不与人争粮、不与粮争地"的政策约束。在这样的背景下，苜蓿产业高质量发展更需要依靠科技进步。根据中国农业科学院农业信息研究所发布的《2021—2030 年中国奶制品市场展望报告》，预计到 2025 年中

国奶类产量将达到 3,989 万吨,年均增长率为 2.3%,100 头以上奶牛规模养殖比例将达到 75.0% 左右(励汀郁等,2022)。随着奶类产量继续增长和规模化养殖比例的不断提升,未来对于优质苜蓿商品草的需求将进一步扩大。2020 年中国规模化奶牛养殖场消费优质商品苜蓿干草① 250 万吨,预计到 2025 年中国规模化奶牛养殖场对优质商品苜蓿干草需求量将达到 290 万吨,年均增速 3.0%(卢欣石,2021)。除了苜蓿需求量将进一步增加,对苜蓿商品草质量的要求也将进一步提升,目前国产苜蓿仍以中低端产品为主,优质商品苜蓿商品草进口占比达 54%。特优级、优级和一级苜蓿严重依赖国外进口。面对下一阶段苜蓿产业数量与质量双重增长的目标,提升苜蓿产业的科技水平成为必然选择。基于以上对苜蓿产业科技进步的迫切需求,"十四五"时期苜蓿产业科技进步可从以下四点发力。

(一)苜蓿良种研发与品种选育是未来苜蓿产业科技进步的重点攻关领域

苜蓿种源不足、优良品种缺乏,已成为苜蓿产业发展的突出问题。由于受土地成本高、机械化水平低、科研投入少等因素制约,国内苜蓿制种价格较国外普遍偏高,并且在丰产性能上较弱于进口种子。目前中国苜蓿用种量的 80% 依赖进口,但是中国幅员辽阔,地形与气候条件复杂,进口种子并不适宜所有区域(金京波等,2021)。种业"卡脖子"是苜蓿产业发展必须要突破的难题,重点推进苜蓿国产品种的研发和规模化繁育水平。加强科研机构和龙头企业的建设,推动科技服务部门和龙头企业合作创新,开展苜蓿产业技术成果集成示范,培育出更多适宜中国本土生长的抗逆、抗盐碱、丰产的苜蓿良种。以政、产、学、研、用一体化的方式推动产业发展,协同打赢苜蓿种源翻身仗(许单云等,2022)。"十四五"时期,提升苜蓿品种单产水平、完善商业化育种体系,提升种业核心科技自主创新能力必然是主要发展方向。

---

① 这里的苜蓿干草是指鲜苜蓿商品草晾干以后,水分达到一定程度的苜蓿草。

（二）首蓿种植与加工技术的研发应用是未来首蓿产业科技进步的重要方向

首蓿产业面对"总量不足，质量不高"的双重桎梏，对科技进步提出更多更高的要求。"十四五"时期奶牛首蓿商品草需求保障率要争取达到80%以上，但是按照当前中国首蓿生产能力来看，国内生产和需求之间仍有很大的供需缺口，需要多种途径提升首蓿生产能力，如在冬小麦—夏玉米产区推广首蓿套种青贮玉米技术；在东北、黄土高原和南方草山推广高产混播技术；还可以充分利用盐碱地、河滩地等发展首蓿产业，通过科技助力多渠道扩大首蓿种植，而首蓿产品质量更是高度依赖产业技术进步。提升首蓿产品质量可以通过推广先进栽培技术、水肥一体化技术、生物灾害绿色防控技术、测土配方施肥技术、裹包青贮技术和机械化收获技术等。在降水较多地区推广首蓿半干青贮生产技术，能够有效避免雨季首蓿生产损失，提升首蓿品质。

（三）研发适宜不同区域的国产机械、增强国产机械实力是未来首蓿产业科技进步的重要环节

首蓿生产中的关键机械问题在于收割和打捆。牧草收割和打捆机械设备的质量会直接影响牧草产品品质和下一茬牧草的生产。目前种植收获首蓿使用的大型机械多依赖国外进口，虽然国产机械价格上具有明显优势，但相较国外机械存在不耐用、易损坏、实际作业效率低等问题，实际生产中，种植者一般不选用国产机械。这些问题都是当前限制中国首蓿产业进一步发展的突出问题，只有在这些方面有所突破，才能如期实现"十四五"时期中国牧草产业的发展目标。要加快农机装备补短板，提升农机装备研发应用水平。建议加大专业化农机科研的投入力度，打造一批高效稳定的国产牧草生产机械设备，设计适用于中国山地地形的小型刈割机械；提升首蓿生产加工技术，增强机械创新研发；加快适宜机械的研发速度，提升国产机械的竞争力是首蓿产业可持续发展的必由之路。

（四）苜蓿产业政策扶持、产业集群建设是未来苜蓿产业科技进步的重要推动力量

《"十四五"全国饲草产业发展规划》是针对全国饲草产业发展的第一个专项规划，提出了"十四五"时期中国饲草产业发展的一系列目标，其中明确指出要用科技推进西北、华北、东北和部分中原地区苜蓿产业带建设，建成一批优质高产苜蓿商品草基地，逐步实现优质苜蓿就地就近供应，保障规模化奶牛养殖场的苜蓿需求。组建"产、学、研、推"紧密结合的牧草产业科技创新平台，加强核心技术与设施装备研发。加快制定牧草生产关键环节技术规程，完善产业标准体系，加强标准推广应用。加快新品种、新技术、新产品示范与推广，增强全产业链技术支撑能力。推进苜蓿生产规模化、田间管理标准化和生产服务社会化。产业集群化仍然是中国苜蓿产业未来发展的主要方向，产业布局逐步得到优化的同时，产业集群对科技创新具有极大的促进作用。科技创新能力的提高又强化了草畜产业融合。需要看到的是，要如期实现既定发展目标，当前所面临的挑战依然十分严峻，需要付出诸多努力，各级政府应当出台更多积极的政策，充分调动牧草生产积极性，加大科研投入力度，加强人才推广机制，提升苜蓿产业生产技术效率和科技进步率。

五、结论与建议

本文基于 2015～2020 年河北、内蒙古、宁夏、山西、新疆等 10 个省（区）166 个样本户的苜蓿生产微观调研数据，运用超越对数生产函数随机前沿分析方法，分析苜蓿产业生产技术效率的时空变化特征，剖析影响技术效率的因素，测算并分析技术进步率与科技进步贡献率，得到三个研究结论。第一，"十三五"时期中国苜蓿生产技术效率均值为 0.8751，较 2015 年增长了 6.03%，年际间略有波动，整体仍处于较高水平。不同地区苜蓿生产技术效率差异显著，山东苜蓿生产技术效率最高，平均达到 0.8946；四川苜蓿生产技术效率最低，平均为 0.7863。第二，机械化水平、生产者受教育程度、气象灾害冲击等因素均对苜蓿生产技术效率有显著影响。第三，"十三五"时期，各地加大了对苜蓿产业的科技投入和政策扶持力度，商品苜蓿草单产水平稳步提高。该时期中国苜蓿产业狭义技术进步率为5.72%，狭义科技进步贡献率为52.50%，技术进步已成为苜蓿产业增长的主要动力。基于以上研究结论，提出如下建议。

（一）提高苜蓿机械化水平，健全机械配套支撑体系

根据前文分析，机械化水平与苜蓿生产技术效率呈正相关。由于苜蓿收获加工的时间窗口较窄，在短时间内完成收储加工等环节，需要借助大量机械劳动才能完成。当前中国苜蓿生产机械化率较低，收割打捆设备数量不足，许多种植者只能排队等待。苜蓿生产只有在一定的规模化和机械化生产条件下，才能取得较好的生产收益。机械化和规模化水平较低，生产成本高，生产方式粗放，牧草生产的数量、质量和产品供应的稳定性都难以保证。苜蓿品种类多样，如苜蓿草捆、苜蓿粗粉、苜蓿颗粒、烘干苜蓿、脱水苜蓿等。以奶牛为主的规模化养殖场对苜蓿产品的品质要求较高，而国内生产出的商品苜蓿在粗灰分、粗蛋白含量、杂类草含量等指标上与美国、西班牙进口商品苜蓿尚有一定差距。参考苜蓿产业较发达国家的经验，苜蓿生产机械化率达到65%以上，将有效促进中国苜蓿产业的快速发展。建议通过财政补贴等形式，将更多苜蓿生产专业化机械纳入补贴范围当中；开展多渠道送技术下乡的活动，提高农户参与农机技术培训的积极性；提升适宜国内不同区域的苜蓿播种、收获机械化配套水平。

（二）提升苜蓿生产者素质，强化科技培训推广力度

苜蓿生产技术效率与生产者受教育程度呈正相关。提升苜蓿生产技术效率，一方面要提高生产者素质，另一方面也要避免技术进步与生产实际之间的脱节。未来重点就地培育一批会种草、懂技术、善经营的新型职业农民，更好地接纳新技术，传播新理念，进而推动牧草产业专业化、标准化发展，降低生产成本，提高生产效率，增强苜蓿产业竞争力。乡镇农技站是基层干部和农民了解农业新技术、获取新知识的主渠道。美国早在70

年代，州级推广人员91%拥有硕士以上学位；县级推广人员44.6%拥有硕士以上学位（郭艳玲，2006）。长期以来，中国由于基层工作环境艰苦、工资待遇不高、本职工作旁移等原因，乡镇农技人员流失严重，早已陷入"网破、线断、人散"的窘境，一些成功的科研成果不能得到及时推广应用，重建基层农技推广队伍已刻不容缓。建议加强乡镇农业技术推广站技术推广力度，推进专业化服务组织的发展，扩大基层农业技术推广队伍；吸纳更多的优秀青年人才，提高对现有农业技术推广人员的福利待遇，保障农技推广人员的工资和必要的工作经费；定期组织专业技术培训，更新推广服务知识技能；建立基层公益性农业技术推广组织，加强对社会化服务组织的技术指导与培训，提升苜蓿生产者技术应用水平。

（三）做好气候灾害预警工作，增强苜蓿产业抗风险能力

根据前文的测算分析，气候灾害冲击对苜蓿产业技术效率有显著的负向影响。中国幅员辽阔，气候类型复杂多样，自然条件对农业生产有极大的影响。近年来，中国部分地区气象灾害频发，如山东、河北等地在2019年、2020年降水频繁、水涝严重，气候灾害对农业生产的危害程度也在增加。农业气象服务对保障农业稳产增收的作用逐渐受到重视。2022年《中共中央 国务院关于做好2022年全面推进乡村振兴重点工作的意见》明确指出要强化农业农村气象灾害监测预警体系建设，增强极端天气应对能力。对于苜蓿产业而言，气候灾害尤其是旱涝灾害，对生产和收获的影响较大。建议加大防灾减灾的投入力度，提高气候灾害预警能力；完善农业气象服务体系，改善苜蓿生产条件；增加气候灾害的保险供给，保障种植户收入，提升苜蓿产业抗风险的能力。

参 考 文 献

［1］高海秀，王明利，石自忠，倪印锋. 中国牧草产业发展的历史演进、现实约束与战略选择［J］. 农业经济问题，2019（5）：121 - 129.

［2］李清忠. 紫花苜蓿的饲用价值与病虫害防治［J］. 江西饲料，2013（5）：39 - 40.

［3］王玲. 苜蓿不同喂量对奶牛产奶量及品质的影响研究［J］. 中国牛业科学，

2018，44（3）：20－23.

　　[4] 石自忠，王明利 . 中国牧草产业政策：演变历程与未来展望 [J]. 中国草地学报，2021，43（2）：107－114.

　　[5] 赵芝俊，袁开智 . 中国农业技术进步贡献率测算及分解：1985—2005 [J]. 农业经济问题，2009（3）：28－36.

　　[6] 张煜，孙慧 . 科技进步对经济增长贡献影响因素的理论研究 [J]. 科技进步与对策，2015，32（5）：25－30.

　　[7] 刘玉凤，王明利，石自忠，等 . 我国苜蓿产业技术效率及科技进步贡献分析 [J]. 草业科学，2014，31（10）：1990－1997.

　　[8] 王文信，张志虹，孙乾晋 . 农户苜蓿种植的规模效率分析——基于河北省黄骅市的实证分析 [J]. 中国农业大学学报（社会科学版），2016，33（3）：42－49.

　　[9] 王丽佳 . 民勤县苜蓿生产效率的 DEA－Tobit 模型分析 [J]. 草业科学，2017，34（2）：407－414.

　　[10] 石自忠，王明利 . 我国苜蓿生产技术效率测度：2011～2017 年 [J]. 中国草地学报，2019，41（3）：100－106.

　　[11] 武延琴，白贺兰，林慧龙 . 甘肃省草产业生产效率实证研究 [J]. 干旱区资源与环境，2021，35（9）：143－150.

　　[12] 王荧，郭碧銮 . 全要素生产率测算方法解析 [J]. 上海商学院学报，2010，11（5）：85－91.

　　[13] 张煜 . 新疆科技进步对经济增长的贡献评价 [D]. 乌鲁木齐：新疆大学，2015.

　　[14] 周杨，郝庆升 . 基于省际面板数据的 Translog－SFA 分析规模生猪养殖技术效率 [J]. 家畜生态学报，2018，39（9）：62－66，82.

　　[15] 刘玲利，李建华 . 基于随机前沿分析的我国区域研发资源配置效率实证研究 [J]. 科学学与科学技术管理，2007（12）：39－44.

　　[16] 涂正革，肖耿 . 中国的工业生产力革命——用随机前沿生产模型对中国大中型工业企业全要素生产率增长的分解及分析 [J]. 经济研究，2005（3）：4－15.

　　[17] 董恒敏，李柏洲 . 产学研协同创新驱动模式——基于河南驼人集团的案例研究 [J]. 科技进步与对策，2015，32（5）：20－25.

　　[18] 许佳彬，王洋 . 农业生产性服务对玉米生产技术效率的影响研究——基于微观数据的实证分析 [J]. 中国农业资源与区划，2021，42（7）：27－36.

　　[19] 励汀郁，熊慧，王明利 . "双碳"目标下我国奶牛产业如何发展——基于

全产业链视角的奶业碳排放研究［J］.农业经济问题，2022（2）：17－29.

　［20］卢欣石.苜蓿饲草产业发展的质与量问题［J］.中国乳业，2021（8）：9－12.

　［21］金京波，王台，程佑发等.我国牧草育种现状与展望［J］.中国科学院院刊，2021，36（6）：660－665.

　［22］许单云，宁攸凉，谢和生等.发达国家草原生态补偿的国际经验与启示［J/OL］.中国农业资源与区划：1－12.

　［23］郭艳玲.乌兰察布市草业科技推广工作初探［J］.内蒙古草业，2006（3）：28－30.

中国牧草产业国际竞争力及影响因素研究

——基于贸易及产业发展视角的比较

崔　姹　王明利　王宇航　尚莉媛

畜牧业是关系国计民生的重要产业，牧草产业是畜牧业发展的重要产业基础。自 2015 年中央一号文件《中共中央 国务院关于加大改革创新力度加快农业现代化建设的若干意见》中首次明确"粮经饲"三元种植结构协调发展的重要性，并开始在全国范围内开展"粮改饲"和种养结合模式试点起，至今中国牧草产业无论从种植面积、种植技术还是牧草生产加工机械化水平方面，都有了一个非常大的提升。但从国际贸易来看，自从 2008 年"三氯氰胺"事件以来，中国牧草产品，无论是草产品①还是草种子产品始终都以进口为主。无论是在 2018 年中美贸易摩擦加剧草产品被加征高额关税期间，还是在 2020 年新冠肺炎疫情期间，海外运输受阻等情况下，中国牧草产品进口依然坚挺，出口减少。从草产品进出口量来看，包括苜蓿干草、燕麦草、苜蓿粗粉及团粒在内，2020 年中国草产品进口量为 172.22 万吨，同比增加了 6%。与之形成强烈对比的是，草产品出口量急剧下降。2020 年草产品出口量为 29.7 吨，同比减少 63%。从草种子进出口量来看，包括黑麦草种子、羊茅子、草地早熟禾子、紫苜蓿子、三叶草子在内，2020 年中国草种子进口 6.11 万吨，同比增加 19%；2020 年中国仅紫苜蓿子出口 62.12 吨，同比减少 42%。②

从现有的文献看，对国内牧草国际竞争力的研究主要集中在出口国际竞争力和贸易效率方面。在国际竞争力方面，主要运用国际市场占有率、显示性比较优势指数和贸易竞争力指数等指标及恒定市场份额分析法对 1992 ～

---

① 本文的草产品是指除草种子以外的牧草产品，包括干草、草颗粒等。

② 资料来源：联合国贸易（UN comtrade）数据库。

2008 年及 2000~2016 年中国牧草产品的国际竞争力及影响因素进行分析（刘亚钊等，2011；石自忠等，2018；江影舟等，2016），结果表明，中国牧草产品国际竞争力较弱，需求效应是牧草产品出口增加的主要推动力，市场分布效应是牧草产品出口波动的主要原因。另外，在对牧草贸易效率的研究上，石自忠和王利明（2019）借助随机前沿引力模型，对草产品贸易效率进行实证分析，结果表明中国草产品出口效率及贸易伙伴国对中国出口效率均呈现下滑趋势。

从以上研究来看，多数学者都主要聚焦于从进出口产品角度将中国牧草产品分为干草、颗粒及草种子等对其国际竞争力进行评价。但随着中国进入向第二个百年奋斗目标进军的新阶段，国内外形势与需求发生重大变化。一方面，国际地缘政治格局不稳定、贸易保护主义重新抬头等外部不稳定不确定因素增多；另一方面，牧草产业高质量发展是畜牧业高质量发展的重要支撑及内在需求，畜牧业可持续发展需要牧草产业安全强有力的支撑。基于此，在以往研究的基础上，本文主要贡献在于，第一，从传统贸易视角，将草产品及草种子进行细分分析 2000 年以来中国主要草产品的国际竞争力变化情况及影响因素；第二，从产业发展视角，融入牧草产业资源禀赋、政策环境等发展因素，构建牧草国际竞争力评价指标体系进行评价，并寻找其主要影响因素。这将为提升中国牧草产业国际竞争力以及持续健康发展提供参考借鉴和政策建议。

一、中国牧草国际竞争力评价指标体系构建及指标选取

本部分从贸易视角及产业发展视角构建国际竞争力评价指标体系，其中贸易视角下主要选取国际市场占有率、显示性比较优势、贸易竞争力指数三个指标；产业发展视角下主要从资源禀赋竞争力、生产竞争力、消费竞争力及贸易竞争力四个方面构建指标体系。

（一）基于贸易视角的国际竞争力评价指标体系

1. 国际市场占有率

牧草产品出口的国际市场占有率（*MPR*）是指某国家（地区）牧草

产品出口额占世界牧草产品出口贸易总额的百分比，计算公式如式（1）所示：

$$MPR_{ij} = \frac{X_{ij}}{X_{wj}} \tag{1}$$

其中，MPR_{ij} 表示 i 国（地区）j 类牧草产品的国际市场占有率；X_{ij} 代表 i 国（地区）或地区 j 类牧草产品的出口贸易额；X_{wj} 代表全球 j 类牧草的总出口贸易额。

2. 显示性比较优势指数

显示性比较优势指数（RAC）可以反映某国家（地区）牧草产品出口在国际市场上的竞争力，计算公式如式（2）所示：

$$RAC_{ij} = \frac{X_{ij}/X_i}{X_{wj}/X_w} \tag{2}$$

其中，RAC_{ij} 表示 i 国（地区）在第 j 类牧草产品上的显示性比较优势，X_{ij} 和 X_{wj} 分别表示 i 国（地区）和全球的第 j 类牧草产品的出口贸易额，X_i 和 X_w 分别表示 i 国（地区）和全球的商品出口总额。RAC 可分为 4 个区间 $RAC \leqslant 0.8$，$0.8 < RAC < 1.25$，$1.25 \leqslant RAC \leqslant 2.5$，$RAC > 2.5$ 这四个区间分别对应 i 国（地区）的第 j 类牧草产品在国际市场上有较弱、中等、极强、较强的显示性比较优势。

3. 贸易竞争力指数

贸易竞争力指数（TC）表示一国（地区）某产品进出口差额在该产品进口贸易额中的占比，计算公式如（3）所示：

$$TC_i^k = \frac{X_{iw}^k - M_{iw}^k}{X_{iw}^k + M_{iw}^k} \tag{3}$$

其中，X_{iw}^k 与 M_{iw}^k 分别表示 i 国（地区）k 产品的出口额与进口额。比值越接近 1 表示竞争力越强，越接近 −1 表示牧草产品只进口不出口。

（二）基于产业发展视角的国际竞争力指标体系

评价产业国际竞争力，传统的评价方法是以进出口量或进出口值为基础计算其各类贸易指数，评价产品在国际贸易市场的地位。但就目前中国牧草产业发展来看，随着国内牧草产业的发展，牧草产品出口量下降，以进出口额来判断国际竞争力，较为片面，更应从产业发展角度对国际竞争力进行评价。遵循系统性、全面性、科学性地构建评价指标体系的原则，基于产业发展视角的牧草国际综合竞争力评价指标体系应设置资源禀赋竞争力、生产竞争力、市场竞争力、贸易竞争力四个一级评价指标。在一级指标下分别设置二级评价指标。

资源禀赋竞争力（B1）。设置资源禀赋竞争力指标考察一国或地区适宜种植牧草的土地面积的相对丰富程度及增长潜力。根据资源禀赋理论，最优产业结构是由要素禀赋结构决定。土地资源作为牧草种植最为必要的生产要素，是牧草产业发展的最重要的支撑和保障。充足的农用地和较高的牧草生产能力，是该区域拥有牧草种植的基础。该一级指标下设资源结构（C11）、牧草种植潜力（C12）两个二级指标。其中，资源结构指标用该国农田面积与世界农田面积比重及可耕种面积与该国农田的比重考察自然资源禀赋差异，上述两个指标值越大说明该国或地区越具有牧草种植上的竞争优势。牧草与饲料粮作为牲畜食用的两种重要产品，饲料粮种植越发达的国家，其牧草种植也越有潜力。因此，运用饲料粮种植比重来表示牧草种植的潜力。

生产竞争力（B2）。设置生产竞争力指标反映一国（地区）与其他国（地区）的牧草生产技术和生产能力。"钻石模型"理论将生产要素作为产业竞争力的主要影响因素之一，该一级指标下设生产要素投入水平（C21）、生产价格水平（C22）。其中，生产要素投入水平运用该国（地区）农药和粪肥亩均投入量表示。生产价格水平运用该国（地区）牧草产品（主要是苜蓿干草及其他）的平均出口价格表示。

消费竞争力（B3）。设置消费竞争力指标反映一国（地区）产品的消费偏好和消费能力。国际产业竞争理论认为一国（地区）需求在国家竞争优势中发挥着重要作用，供给与需求相互促进。作为牧草需求端畜牧业对牧草的强劲需求，主要是草食畜牧业的需求，必然带动供给端牧草产业的迅速发展，国内的需求不可忽视。即使出口贸易为 0，国内强大的需求也会提高该国产业竞争力。该一级指标下设置畜牧业产值比（C31）、草食畜牧业存栏量占比比（C32）两个二级指标。其中，畜牧业产值比运用畜牧业产值与农业产值比例来表示；草食畜存栏量占比运用该国牛存栏量与牲畜存栏量之比表示。

贸易竞争力（B4）。设置贸易竞争力指标反映一国（地区）在国际贸易中的竞争能力，衡量一国（地区）牧草（主要指苜蓿干草及其他、苜蓿草粉及其他）在国际市场上所处的地位。根据李嘉图的比较优势理论，应集中生产其具有比较优势的产品，进口其具有比较劣势的产品。国际市场上牧草产品贸易进出口流向反映了一国牧草产业的"比较优势"具备与否。该一级指标下设置牧草产品国际市场份额占有率（C41）及贸易竞争力指数（C42）。

由于评价指标中9个二级指标量纲不同，运用正向化处理方法对9个二级指标进行量纲处理，处理方法为 $X = \dfrac{X_{ij} - X_{i,min}}{X_{i,max} - X_{i,min}}$。指标体系中一级指标均为正向指标，二级指标中生产要素融入和生产价格水平为负向指标，已取倒数做正向化处理。X 为标准化后的指标，X_{ij} 为原始数据，$X_{i,max}$ 和 $X_{i,min}$ 分别为第 j 项指标的最大值和最小值。进行标准化处理后，通过加权计算得到牧草产业国际竞争力总指数和各级分指数。各指标及权重结果如表1所示。

表1　　　　　　　　牧草产业竞争力评价指标体系

一级指标	权重（%）	二级指标	计算方法	权重（%）
资源禀赋竞争力（B1）	37.95	资源结构（C11）	农田面积/本国面积	4.54
			农田面积/世界农田面积	15.39
			可耕种土地/农田面积	5.76
		牧草种植潜力（C12）	饲料粮种植面积/粮食面积	12.26
生产竞争力（B2）	30.53	生产要素投入（C21）	农药亩均投入量	11.84
			粪肥亩均投入量	9.51
		生产价格水平（C22）	苜蓿干草出口价格	9.18
消费竞争力（B3）	11.76	畜牧产值比（C31）	畜牧产值/农业产值	6.5
		草食畜存栏量占比（C32）	牛存栏量/牲畜总存栏量	5.26

一级指标	权重（%）	二级指标	计算方法	权重（%）
贸易竞争力（B4）	19.74	国际市场份额占有率（C41）	牧草产品出口量/世界总出口量	15.11
		贸易竞争力指数（C42）	（该国牧草产品出口额－该国牧草进口额）/（该国牧草出口额＋该国牧草进口额）	4.63

注：牧草产品包括苜蓿干草及其他、苜蓿粗粉及团粒和草种子等。牛存栏量包括肉牛和奶牛的存栏量。

（三）数据来源及说明

国际竞争力测算比较研究对象的选择，主要来自 2020 年牧草产品出口额排名前十的国家，且兼顾选择对象国家的牧草种植比较发达，选取美国、加拿大、澳大利亚、法国、荷兰、意大利、丹麦、德国、西班牙国家为比较对象，指标数据均来源于联合国贸易（UN comtrade）数据库及 FAO 数据库，经计算所得。贸易视角下国际竞争力测算评价数据选取 2000～2020 年。产业发展视角下国际竞争力测算评价数据，受数据库数据的限制，选取 2000～2018 年的数据。

二、牧草国际竞争力测算及评价

本部分基于贸易视角及产业发展视角两个角度对中国牧草产品的国际竞争力进行测算与评价。

（一）贸易视角下国际竞争力测算及评价

1. 国际市场占有率测算及评价

从整体牧草产品来看，与一些国家（地区）相比中国牧草产品国际市场占有率始终处于弱势。具体到各年份，2000 年中国牧草产品国际市场占有率为 1.17%，与西班牙 1.59% 差距较小，但随着时间的推进，中国牧草产品的国际市场占有率逐步下降，至 2020 年为 0.03%，而西班牙牧草产品国际市场占有率逐步提升，2020 年上升至 5.57%。美国、澳大利亚从 2000 年至今始终保持较高的国际市场占有率（见表 2）。

表 2　　　　2000～2020 年世界主要国家牧草产品国际市场占有率　　　单位：%

年份	中国	美国	加拿大	澳大利亚	法国	荷兰	意大利	丹麦	德国	西班牙
2000	1.17	37.27	11.58	21.77	3.99	3.99	2.13	2.54	2.68	1.59
2001	0.65	35.62	14.27	19.35	3.29	5.20	1.67	5.50	2.65	3.49
2002	0.65	42.52	10.57	16.12	3.41	4.78	2.04	6.12	3.04	3.07
2003	0.81	41.63	9.11	12.89	3.66	5.50	1.91	6.74	3.70	5.30
2004	0.73	35.26	10.01	19.17	3.27	5.53	1.93	7.93	3.73	3.32
2005	0.96	37.24	10.49	15.08	3.58	5.72	2.36	7.34	4.26	2.48
2006	0.84	34.61	11.81	14.56	3.56	5.03	2.39	8.26	4.82	2.47
2007	0.87	33.40	12.49	10.31	3.55	4.93	3.59	8.32	4.79	5.15
2008	0.63	32.87	8.98	16.38	3.30	4.89	3.67	6.71	4.56	4.96
2009	0.43	37.71	7.07	18.93	3.01	4.18	2.47	4.97	4.13	4.86
2010	0.27	42.08	5.48	14.81	3.06	3.99	2.24	4.92	3.78	8.12
2011	0.30	37.77	5.44	14.97	2.79	4.84	3.96	5.06	3.53	8.43
2012	0.16	38.83	6.65	16.02	2.39	3.72	4.73	4.35	3.14	7.52
2013	0.10	41.57	6.20	11.48	2.71	4.50	5.09	5.23	3.47	7.07
2014	0.13	40.22	6.42	10.04	2.91	4.39	4.52	5.82	4.29	7.57
2015	0.09	42.77	5.96	11.47	2.65	3.43	4.72	5.13	3.46	6.51
2016	0.10	43.40	5.98	11.01	2.60	4.09	4.71	5.12	3.67	6.03
2017	0.07	43.04	6.31	10.96	2.56	4.20	3.98	5.31	3.35	5.48
2018	0.03	39.82	6.53	10.52	3.69	4.51	4.39	5.77	3.64	6.87
2019	0.04	41.32	5.97	9.29	3.29	4.72	5.09	6.10	3.55	5.95
2020	0.03	40.48	6.26	9.52	2.85	4.92	4.82	6.43	3.76	5.57

注：牧草产品包括苜蓿干草及其他，苜蓿粗粉及团粒和草种子等。
资料来源：联合国贸易（UN comtrade）数据库。

从各类牧草产品来看，2000~2020 年中国包括草产品及草种子产品在内的牧草产品国际市场占有率处于下降的趋势（见表3）。

表3　　　　2000~2020 年中国各类牧草产品出口国际市场占有率　　　单位：%

年份	苜蓿粗粉及团粒	苜蓿干草及其他	紫苜蓿子	三叶草子	羊茅子	草地早熟禾子	黑麦草种子	其他草种子
2000	0.01	1.75	0.07	0.03	0.00	0.00	0.00	1.95
2001	0.06	0.71	0.46	0.00	0.00	0.00	0.02	1.92
2002	0.95	0.65	0.30	0.02	0.00	0.00	0.01	1.27
2003	1.39	1.06	0.18	0.00	0.00	0.00	0.00	1.04
2004	1.98	0.70	1.06	0.00	0.03	0.01	0.02	1.09
2005	2.08	0.50	4.05	0.01	0.07	0.00	0.00	1.97
2006	2.28	0.38	3.40	0.00	0.04	0.00	0.00	1.71
2007	1.60	0.58	3.70	0.01	0.00	0.00	0.00	1.16
2008	1.36	0.34	1.83	0.00	0.00	0.00	0.02	1.40
2009	1.22	0.09	0.63	0.00	0.00	0.00	0.02	1.90
2010	0.58	0.10	0.86	0.00	0.00	0.10	0.01	0.70
2011	0.64	0.03	2.04	0.00	0.00	0.00	0.00	0.70
2012	0.47	0.02	0.38	0.00	0.00	0.03	0.00	0.58
2013	0.47	0.02	0.26	0.00	0.01	0.65	0.00	0.15
2014	0.42	0.02	0.25	0.04	0.00	0.00	0.00	0.48
2015	0.29	0.00	0.14	0.00	0.00	0.00	0.01	0.39
2016	0.02	0.00	0.32	0.00	0.00	0.03	0.00	0.55
2017	0.00	0.00	0.28	0.01	0.00	0.03	0.00	0.38
2018	0.00	0.00	0.08	0.00	0.01	0.00	0.00	0.18
2019	0.00	0.02	0.13	0.00	0.00	0.00	0.00	0.20
2020	0.00	0.01	0.06	0.00	0.00	0.00	0.00	0.17

资料来源：联合国贸易（UN comtrade）数据库。

从牧草产品来看，中国苜蓿粗粉及团粒在 2016 年以前大部分年份处于相对优势。但自 2016 以后，苜蓿粗粉及团粒出口量较少，苜蓿干草及其他国际市场占有率处于相对优势。苜蓿粗粉及团粒产品在 2006 年国际市场占有率达 2.28%，为 2000~2020 年最高值，在 2017~2020 年停止出口。苜蓿干草及其他 2000 年国际市场占有率为 1.75%，为近年来最高值，随后便处于下降的趋势，在 2003 年和 2007 年有小幅回升分别占比 1.06% 和 0.57%，从 2011 年开始该产品出口国际市场占有率较低。

从草种子来看，中国紫苜蓿子国际市场占有率占比相对优于其他草产品。紫苜蓿子在 2000~2005 年呈上升趋势并在 2005 年占比达 4.05%，为近年来最高值；随后呈下降趋势，2012~2017 年基本达到平稳状态，在 0.14%~0.38% 左右。2017 年以后出现下降趋势，至 2020 年下降至 0.06%；三叶草子、羊茅子、早熟禾子和黑麦草种子国际市场占有率极小，除上述草种子外，其他草种子总体也处于下降趋势，在 2000~2010 年出口国际市场占有率在 1.5% 左右波动，从 2012 年开始逐年萎缩，至 2020 年为 0.06%。

2. 显示性优势指数测算

中国各类草产品显示性比较优势指数（RCA）如表4所示。总体来看，2000~2020 年中国各类草产品出口显示性比较优势均处于较弱的水平。显示性优势指数从大到小依次为其他草种子、紫苜蓿子、苜蓿粗粉及团粒、苜蓿干草及其他等。

表4　　　　2000~2020 年中国各类牧草产品显示性比较优势指数

年份	苜蓿粗粉及团粒	苜蓿干草及其他	紫苜蓿子	三叶草子	羊茅子	早熟禾子	黑麦草种子	其他草种子
2000	0.0025	0.4415	0.0185	0.0078	0	0	0	0.4920
2001	0.0137	0.1611	0.1038	0.0010	0	0	0.0043	0.4364
2002	0.1854	0.1273	0.0578	0.0031	0	0	0.0013	0.2492
2003	0.2365	0.1798	0.0302	0.0003	0	0	0	0.1772
2004	0.3013	0.1064	0.1610	0.0006	0.0040	0.0021	0.0037	0.1652
2005	0.2768	0.0663	0.5395	0.0011	0.0088	0	0	0.2621

年份	苜蓿粗粉及团粒	苜蓿干草及其他	紫苜蓿子	三叶草子	羊茅子	早熟禾子	黑麦草种子	其他草种子
2006	0.2786	0.0463	0.4158	0	0.0045	0	0.0001	0.2088
2007	0.1786	0.0641	0.4116	0.0009	0	0.0004	0.0001	0.1287
2008	0.1483	0.0371	0.2001	0	0	0	0.0017	0.1530
2009	0.1239	0.0094	0.0645	0.0002	0	0	0.0018	0.1935
2010	0.0892	0.0149	0.1317	0.0002	0.0004	0.0152	0.0013	0.1073
2011	0.0604	0.0031	0.1923	0.0001	0	0	0.0018	0.0656
2012	0.0407	0.0019	0.0333	0	0.0002	0.0022	0.0001	0.0503
2013	0.0394	0.0016	0.0219	0.0001	0.0005	0.0544	0.0001	0.0125
2014	0.0328	0.0018	0.0200	0.0028	0	0.0019	0	0.0352
2015	0.0204	0.0005	0.0101	0.0001	0	0	0.0007	0.0277
2016	0.0018	0.0004	0.0239	0	0	0.0020	0	0.0414
2017	0	0.0004	0.0215	0.0005	0	0	0	0.0288
2018	0	0.0002	0.0063	0	0.0006	0	0	0.0134
2019	0	0.0018	0.0092	0	0	0	0.0001	0.0145
2020	0	0.0008	0.0039	0	0	0	0	0.0112

资料来源：笔者计算绘制。

就动态变化来看，中国苜蓿干草及其他、苜蓿粗粉及团粒等草产品出口的比较优势整体呈下降趋势。RAC 值均低于 0.8，属于较弱比较优势，且 RCA 值均呈现出下滑的趋势，分别在 2000~2004 年达到最高值。就草种子产品来看，紫苜蓿子产品显示性比较优势指数同草产品一样，RAC 指数处于不断下降趋势，在 2005 年达到最高，为 0.54。

与其他国家相比，中国草产品出口显示性比较优势相对较弱，明显低于美国、西班牙等国家。选取 2000 年、2010 年和 2020 年显示性比较优势指数进行比较，如表 5、表 6、表 7 所示。2000 年，苜蓿粗粉及团粒、苜蓿干草、紫苜蓿子、三叶草子、羊茅子、早熟禾子、黑麦草种子、其他草子平均显示性比较优势指数为 2.53、4.20、2.15、1.90、3.98、3.20、

2.57 和 2.18。2020 年，以上草产品显示性比较优势平均数为 3.12、2.53、2.94、2.43、6.08、6.99、4.91 和 3.69。主要牧草产品的显示性优势明显得到提升。中国牧草产品的显示性比较优势指数在 2000～2010 年略有增长，但 2010 年以后，均呈现下降趋势，且与平均水平差距越来越大。

表5　　2000 年世界主要牧草出口国各类牧草产品显示性比较优势指数

国家	苜蓿粗粉及团粒	苜蓿干草及其他	紫苜蓿子	三叶草子	羊茅子	早熟禾子	黑麦草种子	其他草种子
中国	0.0025	0.4415	0.0185	0.0078	0	0	0	0.492
美国	1.6850	3.6015	4.0923	0.7868	1.1278	3.6009	1.3102	3.0007
加拿大	3.8797	2.2030	3.3143	2.6990	8.8782	0.4853	1.0165	1.3819
澳大利亚	10.5593	34.2661	9.8456	7.8608	0.0158	0	1.2662	7.1785
法国	2.9139	0.1955	1.6183	1.1599	1.2294	0.7615	1.0158	1.0872
荷兰	0.4108	0.1169	0.1947	0.7283	2.7359	4.6175	6.3473	3.5714
意大利	1.9133	0.1550	1.8827	1.8998	0.1447	0.1163	0.2252	0.3951
丹麦	0.5179	0.3282	0.0711	3.0429	24.6602	21.4899	12.1331	3.4999
德国	0.0203	0.0512	0.1900	0.7866	0.8095	0.9273	1.9141	0.5417
西班牙	3.3778	0.6541	0.3598	0.0339	0.2033	0.0188	0.4363	0.6625

资料来源：笔者计算绘制。

表6　　2010 年世界主要牧草出口国各类牧草产品显示性比较优势指数

国家	苜蓿粗粉及团粒	苜蓿干草及其他	紫苜蓿子	三叶草子	羊茅子	早熟禾子	黑麦草种子	其他草种子
中国	0.0892	0.0149	0.1317	0.0002	0.0004	0.0152	0.0013	0.1073
美国	2.6592	11.1882	6.2618	2.0413	4.1600	9.1352	3.5646	5.6609
加拿大	2.8409	2.9388	8.9338	3.5525	8.0199	0.7337	3.0650	2.5948
澳大利亚	11.0586	26.5871	19.3092	7.1611	0.0000	0.0000	0.3883	2.8956
法国	3.5752	0.6598	2.2575	2.6677	1.1816	0.2374	1.1674	2.4963
荷兰	1.0159	0.4830	0.4202	2.5488	5.0593	5.8572	7.8892	4.0966
意大利	3.3597	0.2578	3.7519	5.6173	0.8653	0.2493	1.4620	1.0720

国家	苜蓿粗粉及团粒	苜蓿干草及其他	紫苜蓿子	三叶草子	羊茅子	早熟禾子	黑麦草种子	其他草种子
丹麦	0.5068	0.1095	0.5520	25.4024	80.0091	69.2553	53.8937	21.1538
德国	0.1046	0.3333	0.3686	1.9330	1.6780	1.3816	2.4476	1.2628
西班牙	45.9639	4.5096	1.5869	0.0366	2.7793	0.0399	1.1794	1.3226

资料来源：笔者计算绘制。

表7   2020 年主要牧草出口国各类牧草产品显示性比较优势指数

国家	苜蓿粗粉及团粒	苜蓿干草及其他	紫苜蓿子	三叶草子	羊茅子	早熟禾子	黑麦草种子	其他草种子
中国	0	0.0008	0.0039	0	0	0	0	0.0112
美国	2.1995	6.7568	3.2422	0.9721	2.7235	5.5729	2.4118	1.6946
加拿大	3.6888	2.3036	7.0299	2.1893	6.6473	0.2121	1.9098	1.9908
澳大利亚	2.7224	9.8715	10.0212	3.4934	0.0193	0.0030	0.0722	1.5117
法国	3.7575	0.6709	1.5641	1.0537	0.3971	0.0520	0.1740	1.5581
荷兰	0.7016	0.6029	1.8216	1.0287	1.4018	1.8161	4.3400	3.6636
意大利	5.8913	1.1562	3.9142	4.4141	0.5292	0.2986	0.6458	1.2473
丹麦	0.4189	0.1498	1.3330	9.8772	47.4475	61.3327	37.9503	23.3412
德国	0.0290	0.1557	0.3552	1.2037	1.0815	0.6103	1.1241	1.1709
西班牙	11.8169	3.6735	0.1227	0.1020	0.6330	0.0216	0.4400	0.7058

资料来源：笔者计算绘制。

3. 贸易竞争力指数

2000～2020 年，中国牧草贸易竞争力指数在波动中下降且一直呈现负值。其值由 -0.22 降至 -1.00。同期，美国、荷兰、意大利、丹麦、德国、西班牙贸易竞争力指数都呈现上升趋势。分别由 0.70、0.03、-0.14、0.73、-0.30、-0.44 上升至 0.78、0.05、0.50、0.80、-0.19 和 0.81。加拿大、澳大利亚贸易竞争力指数从 0.65、0.93 下降至 0.54、0.89，但总体仍具有较强的贸易竞争力（见表8）。

表 8 　　　　　　2000～2020 年中国牧草产品贸易竞争力指数

年份	中国	美国	加拿大	澳大利亚	法国	荷兰	意大利	丹麦	德国	西班牙
2000	- 0.22	0.70	0.65	0.93	0.18	0.03	- 0.14	0.73	- 0.30	- 0.44
2005	- 0.17	0.77	0.68	0.91	0.02	0.43	- 0.12	0.86	- 0.07	0.01
2010	- 0.86	0.85	0.49	0.90	- 0.04	0.26	0.02	0.81	0.01	0.81
2015	- 0.99	0.81	0.55	0.90	0.01	- 0.04	0.46	0.81	- 0.05	0.76
2016	- 0.99	0.81	0.52	0.89	0.00	0.02	0.44	0.83	- 0.01	0.78
2017	- 0.99	0.81	0.56	0.88	- 0.05	0.03	0.35	0.76	- 0.06	0.73
2018	- 1.00	0.79	0.57	0.89	0.13	0.01	0.42	0.75	- 0.10	0.79
2019	- 0.99	0.80	0.50	0.88	0.04	0.06	0.50	0.76	- 0.19	0.80
2020	- 1.00	0.78	0.54	0.89	- 0.05	0.05	0.50	0.80	- 0.19	0.81

资料来源：笔者计算绘制。

（二）产业视角下国际竞争力测算及评价

2000～2018 年中国牧草产业国际综合竞争力指标值以及 4 个一级指标资源禀赋竞争力、生产竞争力、消费竞争力和贸易竞争力指标值测算结果如表 9 所示。

表 9 　　　　　　2000～2018 年九国牧草产业国际综合竞争力测算

指标	年份	中国	美国	加拿大	澳大利亚	法国	荷兰	意大利	德国	西班牙
综合竞争力	2000	40.8	59.6	48.6	48.3	35.7	23.5	29.1	30.4	27.5
	2005	36.7	58.9	44.5	43.5	31.3	25.1	26.6	28.4	25.2
	2010	33.3	60.3	33.2	39.3	30.5	23.0	26.3	27.1	25.1
	2015	35.4	58.3	30.6	36.7	29.3	22.1	26.3	25.8	24.4
	2018	34.0	57.2	29.5	34.9	28.2	23.2	26.1	26.3	23.7
资源禀赋竞争力	2000	26.8	23.7	7.9	17.4	12.9	8.60	12.7	10.6	9.8
	2005	27.9	24.1	7.8	15.9	12.7	9.4	12.9	10.9	9.6
	2010	29.7	24.7	7.9	14.6	12.6	9.0	12.1	10.9	9.2
	2015	33.4	24.7	8.0	13.8	12.7	9.2	11.1	10.9	9.3
	2018	32.6	24.7	8.2	14.1	12.3	9.0	10.4	10.7	9.0

指标	年份	中国	美国	加拿大	澳大利亚	法国	荷兰	意大利	德国	西班牙
生产竞争力	2000	10.2	11.4	24.7	12.4	11.6	7.3	8.5	9.3	12.8
	2005	5.0	10.3	20.9	10.7	7.9	4.4	6.1	6.3	9.1
	2010	2.2	10.3	12.9	7.5	8.0	2.9	6.5	5.1	6.3
	2015	1.3	7.6	10.3	7.3	6.8	1.7	5.8	4.4	6.2
	2018	1.3	7.7	8.9	5.8	6.6	1.8	5.2	5.0	5.5
消费竞争力	2000	1.5	7.5	8.0	6.3	6.9	3.9	5.1	7.9	2.9
	2005	1.6	7.3	8.2	7.2	7.1	5.8	4.7	7.5	3.2
	2010	0.9	6.3	7.0	7.5	6.5	6.3	4.5	7.4	2.5
	2015	0.6	6.8	6.5	7.1	6.4	7.1	4.3	7.0	2.5
	2018	0.1	6.7	6.5	6.8	6.3	7.9	5.6	7.2	2.6
贸易竞争力	2000	2.2	17.0	8.0	12.2	4.2	3.8	2.8	2.6	1.9
	2005	2.3	17.2	7.7	9.8	3.7	5.4	2.9	3.7	3.3
	2010	0.4	19.0	5.5	9.7	3.3	4.4	3.1	3.7	7.1
	2015	0.0	19.2	5.8	8.5	3.3	3.5	5.1	3.5	6.4
	2018	0.0	18.1	6.0	8.2	4.0	4.0	4.9	3.4	6.6

资料来源：笔者计算绘制。

中国牧草综合竞争力指标指数在 2000～2018 年不断下降，下降幅度处于中等水平。指标值由 2000 年的 40.8 下降至 2018 年的 34.0。同期，美国、加拿大、澳大利亚、法国、荷兰、意大利、德国、西班牙由 59.6、48.6、48.3、35.7、23.5、29.1、30.4 和 27.5 分别下降至 57.2、29.5、34.9、28.2、23.2、26.1、26.3 和 23.7。中国综合竞争力的跌幅达到 20%，其他国家中，加拿大跌幅 40%；澳大利亚、法国跌幅达 20%；意大利、德国、西班牙跌幅为 10%；美国跌幅最小，为 4%。中国牧草综合竞争力排名由 2000 年的第四位上升至 2018 年的第三位，美国牧草综合竞争力在 9 个国家中处于首位。

资源禀赋竞争力。2000～2018 年中国牧草资源禀赋竞争力在 2000～2018 年一直处于上升态势。由 2000 年的 26.8 上升至 32.6，为资源禀赋竞争力最强国家。相比较其他国家当中，美国、加拿大、荷兰、德国处于波动上升态势。由 23.7、7.9、8.6、10.6 上升至 24.7、8.2、9.0、10.7。各国之间资源禀赋竞争差异较大。

生产竞争力。2000~2018 年，中国生产竞争力相较其他国家（地区）处于下降趋势，差距逐步放大。由 10.2 下降至 1.3，下降了 87.25%。与其他国家（地区）相比，跌幅处于前列。同期，受到面源污染等外在的约束，美国、加拿大、澳大利亚、法国、荷兰、意大利、德国、西班牙下降幅度为 32.45%、63.97%、53.22%、43.10%、75.34%、38.82%、57.03% 和 46.24%。从生产竞争力平均指数来看，中国生产竞争力指数平均水平为由 12.26 下降至 5.82，平均下降幅度为 53%，说明中国在牧草生产水平上还与其他国家存在一定差距。

消费竞争力。2000~2018 年，中国消费竞争力由 1.5 下降至 0.1。在比较国家中，澳大利亚、荷兰、意大利消费竞争力消费指数上升明显。由 2000 年的 6.3、3.9、5.1 上升至 2018 年的 6.8、7.9 与 5.6。其他国家略有下降，但下降幅度较小。主要原因在于中国畜牧业产值在农业产值中的比重偏低及草食畜存栏量在牲畜总存栏量中偏低，与比较国家差距较大。

贸易竞争力。2000~2018 年，中国贸易竞争力由 2.2 下降至 0[①]，在比较国家中，美国、荷兰、意大利、德国、西班牙贸易竞争力逐步上升。由 2000 年 17、3.8、2.8、2.6 和 1.9 上升至 2018 年的 18.1、4.0、4.9、3.4 和 6.6。贸易竞争力呈现下降的国家有加拿大、澳大利亚、法国等国家。

（三）基于贸易视角与产业发展视角国际竞争力的比较

基于贸易视角与产业发展视角的牧草产业国际竞争力测算结果差异显著。基于产业发展视角的中国牧草国际竞争力排名高于贸易视角下的中国牧草国际竞争力排名。

基于贸易视角测算结果显示中国牧草产业缺少竞争力。从基于贸易视角的国际市场占有率、贸易竞争力指数以及显示性比较优势指数 3 个指标

---

① 2018 年中国贸易竞争力为 0。

测度结果看出，中国的这三个指数基本处于末位，缺少国际贸易竞争优势且在不断弱化。而美国、澳大利亚在国际贸易竞争优势较强，西班牙则具有极强的国际贸易竞争力。

基于产业发展视角测度结果显示，2018 年中国在九国排名中居于第三位，九国牧草产业国际竞争力排名为美国、澳大利亚、中国、加拿大、法国、德国、意大利、西班牙。与第二的澳大利亚差距极小。2000～2018 年与其他考察国家平均指标值来看，中国处于第四位。中国牧草的资源禀赋竞争力大幅拉升了中国牧草产业国际竞争力。

三、牧草产业国际竞争力影响因素分析

（一）贸易视角国际贸易竞争力影响因素分析

1. 模型设定

任何两个国家（地区）之间的贸易规模都可以用"引力方程"的定律进行近似估计，称为贸易引力模型，即国家间贸易与它们各自的国内生产总值（GDP）和邻近度成比例。模型经历多次更迭后，安德森和万库普（Anderson，Wincoop，2001）提出控制相对交易成本对特定引力模型具有至关重要的作用，随后推出了相对完整的多边贸易阻力模型如式（4）所示：

$$X_{ij} = \frac{Y_i Y_j}{Y} \left(\frac{T_{ij}}{P_i P_j} \right)^{1-\sigma} \tag{4}$$

其中，X_{ij} 代表 i 国（地区）对 j 国（地区）的出口额；Y_i、Y_j 和 Y 分别代表国家（地区）i、国家（地区）j 和世界的国内生产总值；P_i 和 P_j 分别代表国家（地区）i、国家（地区）j 的综合物价指数；σ 代表商品之间的替代弹性；T_{ij} 代表国家（地区）间各种贸易壁垒。

考虑到引力方程的连乘性质，估计引力方程的标准程序一般是对所有变量取对数，得到对数线性估计方程如式（5）所示：

$$\ln X_{ij} = \partial_0 + \partial_1 \ln Y_i + \partial_2 \ln Y_j + \partial_3 \ln T_{ij} + \partial_4 \ln P_i + \partial_5 \ln P_j + \varepsilon_{ij} \tag{5}$$

其中，∂_0 是常数，$\partial_3 = 1 - \delta$，ε 为误差项。

2. 因素解释

本文基于中国对其他国家（地区）出口牧草产品单边贸易模式的角度来构建贸易引力模型。其中，将影响中国牧草产品出口贸易量的因素分为客观因素和人为因素。客观因素指影响贸易流量，但短期内不会发生明显变化的因素，例如，经济总量、人口数量、地理距离等变量；人为因素指可以通过实施政策等人为努力来减少贸易摩擦的因素，例如，是否加入世界贸易组织（WTO）、是否签订自由贸易协定等变量。因此在引力模型的一般线性函数的基础上，构建拓展的贸易引力模型如式（6）所示：

$$\ln exp = \beta_0 + \beta_1 \ln GDP_i + \beta_2 \ln GDP_j + \beta_3 \ln ah\_i + \beta_4 \ln ah\_j + \beta_5 \ln pop_j + \beta_6 \ln dis$$
$$+ \beta_7 contig + \beta_8 comlang\ off + \beta_9 WTO + \beta_{10} B\&R + \beta_{11} FTA$$
$$+ \beta_{12} APEC + \delta_t + u \qquad (6)$$

模型中的变量含义、解释和预期符号如表 10 所示。

表 10   **变量设置及说明**

变量	含义	度量指标及说明	预期符号
exp	中国牧草产品出口贸易额	因变量	
GDP_i	中国国内生产总值	中国 GDP 越高，反映牧草产品需求越旺盛，可供出口牧草产品减少	−
GDP_j	进口国（地区）生产总值	进口国或地区 GDP 越高，购买能力越强，对牧草产品需求增加	+
ah_i	中国畜牧业生产总值	中国畜牧业产值越高，畜牧业发展水平高，牧草产品供给能力强	+
ah_j	进口国（地区）畜牧业生产总值	畜牧业生产总值越高，进口国或地区畜牧业生产规模越大，牧草产品需求越旺盛	+
pop_j	进口国（地区）人口总量	人口规模越大，进口需求越大	+
dis	两国（地区）中心城市间的直线距离	距离越大，运输成本越高，阻碍贸易量的增加	−
$contig$	两国（地区）是否包含共同边界	是取 1，否取 2，两国或地区边界相接，贸易成本低，有利于草产品出口	+

变量	含义	度量指标及说明	预期符号
Comlang off	两国或地区是否包含共同语言	是取 1，否取 2，共同语言有利于沟通，有助于降低贸易成本，增加贸易量	+
WTO	进口国是否加入世界贸易组织	是取 1，否取 2，加入世贸组织可享受减免关税和最惠国待遇，有助于开展贸易	+
B&R	进口国是否属于"一带一路"沿线国家	是取 1，否取 2，中国和"一带一路"沿线国家的互联互通的伙伴关系得到加强，利于出口贸易	+
FTA	两国（地区）间是否签订自由贸易协定	是取 1，否取 0，自由贸易协定的签订能有效降低贸易壁垒，稳定两国或地区间的贸易流通	+
APEC	进口国是否属于亚太经济合作组织	是取 1，否取 0，两国或地区同属于亚太经合组织，有助于降低贸易壁垒，有利于草产品出口贸易	+

资料来源：笔者绘制。

3. 数据来源

本文选取 2000～2020 年中国牧草产品出口额较大的国家（地区）之间的出口数据作为样本。由于数据可获得性和某些牧草产品出口额过少等原因，最终选取苜蓿干草及其他、苜蓿粗粉及团粒、紫苜蓿子和其他草种子作为研究对象。牧草产品出口贸易额（*exp*）来源于联合国贸易数据库；各国（地区）的国内生产总值（*GDP*）、人口数据（*pop*）、是否属于 WTO 均来源于世界银行；中国畜牧业生产总值（*ah_i*）来源于国家统计局；进口国（地区）畜牧业生产总值（*ah_j*）来源于联合国粮食及农业组织；两国或地区间距离（*dis*）、是否包含共同边界（*contig*）、是否包含共同语言（*comlang off*）均来源于世界经济研究数据库；"一带一路"沿线国家（B&R）来源于中国"一带一路"网；自由贸易协定（FTA）来源于中国自由贸易区服务网；APEC 来源于亚太经合组织网。

4. 模型结果

本文利用所建立的拓展贸易引力模型，基于 2000～2020 年的平衡面板数据进行实证分析，由于在个别年份中国对其他国家或地区牧草产品贸易出口额为 0，如果将零贸易流量剔除样本就会导致有用信息的缺失，并且会产生不一致的结果。因此本文应用 Tobit 估计，在贸易取对数时左边设限，给零贸易加上一个常数。模型运行结果如表 11 所示。

表 11　　　　　　　　　　模型运算结果

变量	苜蓿干草及其他	苜蓿粗粉及团粒	紫苜蓿子	其他草种子
$\ln GDP_i$	−0.87 (0.78)	0.52 (10.82)	−28.40 *** (8.38)	−1.33 (1.09)
$\ln GDP_j$	0.11 (0.11)	−1.68 (3.75)	2.35 (5.09)	2.07 (1.77)
$\ln ah\_i$	−1.21 (0.80)	−1.61 (10.29)	26.60 *** (9.00)	−0.26 (1.19)
$\ln ah\_j$	0.42 ** (0.16)	−1.65 (4.89)	7.08 (7.01)	1.72 * (1.02)
$\ln pop$	−0.18 (0.15)	7.56 * (3.90)	−12.84 ** (5.39)	−3.10 ** (1.32)
$\ln dis$	−0.74 *** (0.11)	−17.12 *** (3.98)	−5.18 ** (2.22)	−1.61 *** (0.31)
$contig$	0.74 ** (0.33)	−40.69 *** (14.63)	多重共线， 不予考虑	多重共线， 不予考虑
$Comlang\ off$	1.01 *** (0.30)	18.74 *** (5.69)	都为 0	多重共线， 不予考虑
WTO	1.84 *** (0.49)	多重共线， 不予考虑	多重共线， 不予考虑	多重共线， 不予考虑
B&R	0.54 * (0.31)	2.04 (4.30)	−40.30 (1576.63)	多重共线， 不予考虑
FTA	−0.44 * (0.25)	−3.67 (2.95)	5.35 (4.76)	0.30 (0.57)
APEC	多重共线， 不予考虑	−33.63 ** (16.82)	4.49 (3.44)	0.22 ** (0.26)

注：*** 、** 、* 分别表示在 1%、5%、10% 水平上显著。
资料来源：笔者根据软件运算结果整理绘制。

进口中国牧草产品的国家国民生产总值的提升对于中国草种子产品出口作用为正,对于干草产品出口有一定的拉升作用,但系数不显著。中国经济的发展对于草产品及草种子出口的促进作用为负。以上说明,从需求来看,国外其他国家经济的发展,越来越注重种养结合循环,国外对草种子产品需求市场广阔,但目前还处于发展阶段,作用虽然为正但还不显著;而从中国供给来看,中国经济的发展没有有力促进种子产品及草产品出口,呈现负相关。可能的原因在于,一是中国牧草产品质量低于牧草产品发达国家,不能满足大部分国家的需要;二是随着中国畜牧业养殖总量基数的增大,牧草产品供给与需求之间存在缺口,出口潜力小。

中国畜牧业产值的提升对紫苜蓿子出口呈现显著的正效应。畜牧业产值每提升 1%,紫苜蓿子出口提升 26.60%。中国畜牧业对草产品需求的增加促进了中国草种子产业的发展,促进了中国紫苜蓿子培育技术的提升,使得中国草种子产品日益丰富。但畜牧业产值的提升对草产品出口量的增加呈现负相关效应,不显著。主要原因在于中国草产品的产量在满足国内需求的情况下,可供出口的草产品呈现产量缺口的状态。

进口国畜牧业产值提升对苜蓿干草和其他草种子出口呈现显著的正效应。进口国畜牧业产值每提升 1%,中国苜蓿干草及其他草种子出口分别提升 0.42% 和 1.72%。畜牧业的发展不仅促进我国苜蓿种子的培育技术及产品质量得到提升,同时也使其他草种子,如燕麦草、三叶草等适宜不同地区发展的草种子质量得到提升,同时也说明了进口国对产品需求逐步趋于多样化。

具有共同语言的国家(地区)对草产品的出口呈现正效应。与进口国(地区)之间的距离、具有共同边界不是影响草产品出口的主要因素。从结果分析来看,我国草产品和草种子的出口与进口国之间的距离呈现负效应,而草产品出口与具有共同边界因草产品种类不同而具有不同的效应,因此得出距离与相邻并不是影响出口的主要因素。而具有共同语言的国家对于苜蓿粗粉及团粒的出口呈现显著的正效应。

加入 WTO、“一带一路”等国际合作组织及双边协作的国家进口草产品对中国牧草产品的出口呈现显著的正效应。通过分析结果得知,加入

WTO 的国家（地区）对于中国牧草产品出口的作用优于"一带一路"双边协作。可能的原因在于中国加入"一带一路"双边协作的时间还较短，效应还没完全显现。其他组织的国家对中国牧草产品的出口作用不明显。

（二）产业发展视角牧草产业国际竞争力影响因素分析

1. 国际综合竞争力影响因素分析

从牧草产业国际综合竞争力各构成指数来看，中国牧草国际竞争力得分在九个国家中居于前列的主要影响因素在于资源禀赋竞争力的拉升。2000 年，在国际综合竞争力得分 40.8 中，资源禀赋竞争力得分 26.8，在九国排名中居于第一；其次为生产竞争力，得分为 10.2，在九国当中居于第五。至 2018 年，中国资源禀赋竞争力在九国排名中居于第二，产业综合竞争力得到提升。在 2018 年中国国际综合竞争力得分 34 分中，资源禀赋竞争力得分为 32.6，占综合竞争力得分的 95.88%。在九国中，2010～2018 年中国资源禀赋竞争力居于第一。生产竞争力排位出现下降，由排名第五下滑至第九。

中国牧草国际竞争力提升的主要限制因素在于贸易竞争力与消费竞争力的下滑。贸易竞争力得分在 2005 年达到最高后出现下滑，直至到 2018 年的 0。消费竞争力得分由 2000 年的 1.5 下降至 2018 年的 0.1。在 2005 年出现短暂上升后，持续减弱。在综合得分中的占比由 3.67% 下降至 0.29%。

2. 其他分指数影响因素分析

资源禀赋竞争力影响因素分析。中国资源禀赋竞争力在 2000～2018 年得到提升，主要拉升因素在于农田面积占世界农田面积占比，在资源禀赋得分中，占比较高，得分由 2000 年的 14.8 上升至 15.33。在比较期间，一直居于九国首位。主要的原因在于中国实行严格的一系列农田保护政策。饲料粮面积占比得分由 6.26 上升至 11.5，也是拉升资源禀赋竞争力的主要因素。

生产竞争力影响因素分析。中国牧草生产竞争力在 2000～2018 年出现波动下滑，主要的拉低因素为牧草价格竞争力得分的下降，由 9.18 下降至 1.05，在生产竞争力得分中，占比由 89.59% 下滑至 81.08%。在影响牧草生产成本因素中，粪肥竞争力是拉升生产竞争力的主要因素，其次为农药成本投入竞争力。投入粪肥的竞争力由 2000 年的 0.78 下降至 2014 年最低点后，出现回升，至 2018 年上升至 0.23。农药成本竞争力由 2000 年的 0.29 下降至 2014 年的最低点后，开始出现回升至 0.02。以上均得益于我国化肥农药减量的行动的开展。

消费竞争力影响因素分析。中国牧草消费竞争力在 2000~2018 年，同生产竞争力一样，出现波动下滑的趋势。主要因素首先在于牛（奶牛和肉牛）存栏量占比的下滑。其次在于畜牧业产值占比的下降。主要的原因是随着 2015 年中国环境规制政策的出台，中国畜牧业养殖量出现下降，导致中国消费竞争力下滑，但随着中国种养结合循环的推进，中国畜牧业养殖量与环境的匹配性将得到提高。

贸易竞争力影响因素分析。中国牧草贸易竞争力在各分指数中为下降最为迅速的指数。国际市场占有率及贸易竞争指数的下滑都是拉低贸易竞争力的影响因素。国际市场占有率及贸易竞争力指数均下降得很快，贸易竞争力指数在 2005 年达到最高值 2.30 之后急速下降。主要的原因在于中国牧草产品质量标准与国际质量标准的差异，导致中国牧草产品的出口下降。中国肉牛、奶牛养殖对于牧草产品的需求增加导致出口量下降，也是贸易竞争力下降的原因之一。

四、主要结论及政策建议

（一）主要结论

1. 贸易视角下中国牧草产品国际竞争力呈现下滑的趋势

从整体牧草产品来看，中国牧草产品国际市场占有率呈现下滑后回升的态势，2018 年达到最低点之后回升；显示性比较优势及贸易市场竞争指数均呈现下滑的态势。中国苜蓿干草、紫苜蓿子国际占有率持续下降，但优于其他草产品。草产品显示性比较优势均出现下滑，苜蓿种子显示性比较优势指数优于其他草产品。从国际比较来看，中国国际市场占有率、贸易竞争力指数以及显示性比较优势指数的这三个指数基本处于末位，缺少国际贸易竞争优势且在不断弱化。而美国、澳大利亚在国际贸易竞争优势极强，西班牙则具有较强的国际贸易竞争力。

2. 产业发展视角下中国牧草产品国际竞争力排名呈现上升的趋势

九国牧草产品综合竞争力分数都出现不同程度的下降。中国牧草产品国际竞争力排名由 2000 年的第四上升至 2018 年的第三。在各分指数中，中国牧草资源禀赋竞争力逐步上升，一直居于各国首位，各国之间资源禀赋竞争差异较大。生产竞争力、消费竞争力与贸易竞争力均出现不同程度的下滑，贸易竞争力下滑最严重。

3. 贸易视角与产业发展视角下国际竞争力影响因素存在差异

贸易视角下，具有共同语言的国家（地区）、加入 WTO、"一带一路"等国际合作组织及双边协作的国家进口草产品对中国苜蓿干草产品的出口呈现显著的正效应。进口国家 GDP 的提升、畜牧业占比增加及中国畜牧业产值占比增加对草种子出口正效应作用显著。产业发展视角下，中国牧草产品国际竞争力最主要的拉升因素在于资源禀赋竞争力的提升。

（二）政策建议

1. 加强区域多边合作，提高中国牧草产品的国际市场占有率

针对影响中国牧草产品贸易竞争力的影响因素中，WTO、"一带一路"双边协作国家进口对中国牧草产品出口呈现显著的正效应的分析，加快建立和完善与 WTO、"一带一路"沿线各国在国家层面、地区层面的多层面沟通合作机制，加大在牧草产品技术规范、认证认可等具体执行方面的交流，增强中国技术规范、认证认可的国际同步性，为产品出口营造良好的合作环境。同时，加强对 WTO、"一带一路"沿线国家牧草产品领域标准收集、在有必要的情况下可以建立对各国牧草产品的技术法规、标准、合格评定程序等专项跟踪机制。

2. 从生产成本、技术等方面提高中国优势草产品及草种子的生产水平，提高中国牧草的生产及贸易竞争力

在牧草种植中继续实施减药及降低化肥行动，在有条件的地区继续推

进规模化生产及机械化水平，降低产品生产成本。加大对中国出口具有优势地位的苜蓿干草及紫苜蓿子的研发支持力度，开发优势产品，推进跨时域的饲草丰产技术的应用，提高产能及质量水平；实施品牌战略，将优势产品打造成区域强势品牌，加强对产业集中度高，质量优的品牌建设支持力度，提高中国牧草产品品牌的知名度；加强电商合作，发挥典型示范效应，降低贸易销售成本。

3. 发展绿色品牌畜牧业，提高中国畜牧业产值占比及草食畜存栏比重，提高中国牧草产业的消费竞争力

中国畜牧业产值占比及草食畜存栏量占比均低于美国、加拿大等8个国家。重视产品的内循环，拉动产品的内在需求，提高内生消费能力，是提高牧草消费竞争力的关键。应推进中国种养结合从注重生产后端向生产前端（牧草种植与养殖）的密切结合，提高中国生态畜牧业的发展水平；牛羊肉等草食畜产品属于低脂、绿色健康的产品，较能迎合当前消费者的需要，随着需求强劲增加，牛羊等草食畜存栏量需要逐步增加，进而提升牧草产品的需求量，提高中国牧草产品的内在消费竞争力。

参 考 文 献

［1］江影舟，张洁冰，南志标，王丽佳．中国苜蓿国际贸易竞争力分析［J］．草业科学，2016，33（2）：322 – 329.

［2］刘亚钊，王明利，修长柏．我国牧草产品国际竞争力分析［J］．农业经济问题，2011，32（7）：86 – 90.

［3］石自忠，王明利，刘亚钊．我国牧草产业国际竞争力分析［J］．草业科学，2018，35（10）：2530 – 2539.

［4］石自忠，王明利．我国草产品贸易及效率分析［J］．草业科学，2019，36（3）：888 – 897.

［5］Anderson J E，Wincoop E V. Gravity with gravitas：A Solution to the Border Puzzle［R］. NBER Working Papers，2001.

云南、贵州牧草产业发展情况调研报告

农业农村部云南贵州调研组

贠旭江　洪　军　王明利　李旭君

为统筹规划"十四五"时期牧草产业发展，系统规划人工草场建设，合理调整农业结构，调研组对云南省、贵州省天然草场、人工草场、农区牧业、特种养殖、牧草产业建设等情况进行了实地调研，重点对牧草产业发展较具代表性的云南省腾冲市、贵州省赫章县、威宁县、关岭县、惠水县的相关牧业养殖场、人工牧场、家庭农场等进行了深入了解。当前云南省、贵州省畜牧业发展稳中向好，肉蛋奶供给稳定。在大力推动牛羊产业高质量发展的同时，有力地带动了牧草产业的发展，青贮玉米、苜蓿等优质牧草的种植率和农作物秸秆饲料化利用率都得到了一定的提升。但是调研发现，当前两省优质牧草缺口较大，牧草产业发展存在土地资源紧张，发展空间受限，生产水平和条件影响饲草种植效益，直接支持牧草产业发展的政策较少，产业链不完善等问题，需要进行科学管理、合理规划，制定相应的政策进行产业扶持。

一、畜牧业及牧草产业发展现状

（一）主要畜牧生产指标情况

2020 年云南省、贵州省畜牧业发展稳中向好，肉蛋奶供给稳定，牛羊存出栏数量及肉类产量均有所增长。其中，云南省 2020 年牛存栏 858.78 万头，肉牛存栏 810.4 万头，位居全国第一①；牛出栏量 335.9 万头，牛

---

① 全国排名数据来自 2020 年《中国统计年鉴》，下同。

肉产量40.94万吨，位居全国第七。羊存栏1,350.66万只，位居全国第八；出栏量1,177.48万只，羊肉产量20.77万吨，位居全国第八。贵州省2020年牛存栏517.71万头，居全国第6位；出栏量176.14万头，牛肉产量23.1万吨，居全国第12位。羊存栏382.38万只，居全国第20位；出栏297.37万只，羊肉产量4.98万吨，居全国第21位。具体数据见表1。

表1 　　　　　　　　**2020年云南省、贵州省主要畜牧生产指标**

指标	云南省		贵州省	
	数量	同比（%）	数量	同比（%）
牛存栏量（万头）	858.78	3.70	517.71	5.00
牛出栏量（万头）	335.90	2.90	176.14	4.50
羊存栏量（万只）	1,350.66	3.30	382.38	0.60
羊出栏量（万只）	1,177.48	3.50	297.37	1.30
猪存栏量（万头）	3,120.43	33.20	1,364.06	16.50
猪出栏量（万头）	3,453.23	0.90	1,661.77	−1.00
家禽存栏量（万只）	18,975.68	18.00	12,082.48	13.60
家禽出栏量（万只）	34,226.76	8.30	17,602.17	17.30
牛肉产量（万吨）	40.94	4.90	23.10	7.40
羊肉产量（万吨）	20.77	3.70	4.98	0.10
猪肉产量（万吨）	291.57	1.40	146.26	2.70
禽肉产量（万吨）	62.76	8.50	12,082.48	13.60

资料来源：云南省、贵州省统计局。

（二）饲草产业发展现状

1. 云南省饲草产业发展现状

据统计，2020年云南省牧草产量共计456万吨①。其中，天然草原饲草料地面积547.76万亩，产草量约192万吨；退耕还草地面积7.8万亩，

① 干物质，下同。

产草量 8 万吨；耕地种植牧草 319.9 万亩，产草量 256.4 万吨。耕地种草面积及产量主要包括：牧草地面积 45 万亩，产草量 40.5 万吨；农闲田 256 万亩，产草量 204.6 万吨；撂荒地 18.9 万亩，产草量 11.3 万吨。

云南省 2020 年存栏羊单位为 5,644.56 万只，按一只羊单位日采食量 1.8 千克饲草料干物质计算，全年需饲草料干物质 3,708.47 万吨，按照精粗比 1∶3 计算，饲草需求 2,781.36 万吨。对比目前云南省牧草产量，还有 2,000 多万吨的缺口，目前主要依靠各类秸秆补充和省外调运及进口。据统计，2019 年云南省秸秆资源理论资源量 2,173.80 万吨，可收集资源量 1,816.41 万吨，饲料化利用量为 647.32 万吨，还有较大的利用空间。

2. 贵州省饲草产业发展现状

据贵州省农业农村局统计，2019 年贵州省天然草原面积 2,402 万亩，产草料约 1,249 万吨（鲜草）。全省人工种草 144.16 万亩，其中冬闲田种草 109.19 万亩，人工种草产草约 1,013.4 万吨（鲜草），累计全省年生产鲜草约 2,262.4 万吨，按照饲草干物质含量 20% 计算，全省年生产牧草干物质 452.48 万吨。

2020 年贵州省存栏羊单位为 2,970.93 万只，全年牧草料需求 1,951.90 万吨，按照精粗比 1∶3 计算，饲草需求量 1,463.93 万吨，缺口 1,000 多万吨。

二、牧草产业发展特点

（一）气候适宜，牧草生产条件优越

云南省、贵州省位于中国西南地区，两省气候基本属于亚热带和热带季风气候，具有夏无酷暑，冬无严寒，降水充沛等特点，气候条件适宜饲草生长。云贵两省大部分地区农业生产均可实行复种，当地也有着较为良好的冬闲田种植饲草养牲畜的习惯，一些地区已经形成比较成熟的复种模式，如"作物＋饲草""青贮玉米＋饲草"等。两省饲用植物种类丰富，具备草产业资源优势。其中，云南省有各种草原植物 199 科，1,404 属，

饲用植物 3,200 多种；贵州省有可饲用植物 203 科 1,200 属，饲用植物 5,000 多种。

（二）多高原山地，机械化和规模化程度低

云南省和贵州省同属中国西南地区，纬度相近，地势复杂。云南省呈西北高、东南低，自北向南呈阶梯状逐级下降的特点，为山地高原地形，山地面积占全省总面积的 84%。贵州省地势西高东低，自中部向北、东、南三面倾斜，素有"八山一水一分田"之说，全省 92.5% 的面积为山地和丘陵。特殊的地势特点，使得牧草种植机械化水平低，生产加工难度大，运输成本高，限制了云南省和贵州省饲草产业的规模化和机械化发展。

（三）草畜矛盾突出，牧草产业发展有空间

为了保护、建设和合理利用草业资源，促进畜牧业可持续发展，云南省、贵州省对草原利用实行草畜平衡制度，但是草畜不平衡问题仍然存在，两省区优质饲草需求均存在较大的缺口，依靠秸秆、外调饲草解决需求。同时，调研组还了解到，云贵等地从外地调运麦草水稻秸秆，落地价超过 1,000 元/吨；云南省和贵州省种植青贮玉米亩产 4～5 吨，按照每吨 400 元计算，每亩收入 1,600～2,000 元；种植皇竹草亩产可达 8～10 吨，按照每吨 300 元计算，每亩收入 2,400～3,000 元，比较效益高于种植传统农作物，在增收的同时，可以有效填补牧草保种缺口。

三、牧草产业发展的典型经验

为进一步促进畜牧业转型升级，提高畜产品供给保障能力，解决畜牧业发展与饲草料资源矛盾的问题，云南省和贵州省出台各项政策支持牛羊产业发展，带动牧草产业的同步发展。各县（市、区）也根据具体情况，落实相关政策，创新发展模式，统筹布局畜牧业与牧草产业发展，形成了适宜当地的支持政策和典型经验。

（一）以"粮改饲"为抓手，促牧草产业提质增效

为做好优质牧草产业，建立种养结合、草畜联动、粮草兼顾的牧草产业体系，云南省和贵州省以"粮改饲"为抓手，促进牧草产业提质增效。云南省依托辖区内的牛羊养殖规模企业和牧草料加工企业，以"订单合同""流转自种"等方式，完成"粮改饲"收储任务，"粮改饲"种植面积从 2016 年的 8 万亩扩大到 2019 年的 62 万亩，累计收贮全株青贮玉米420.6 万吨。贵州省累计完成"粮改饲"任务面积 135.5 万亩，完成率112.7%。并通过"粮改饲"项目助力脱贫攻坚，鼓励动员贫困户参与"粮改饲"项目，累计安排到贫困县的"粮改饲"项目资金 1.84 亿元，占总资金的 92%。以"饲草订单模式""土地流转托管模式""务工就业模式"等方式保障贫困户利益，增加贫困户收入，发挥农业产业脱贫的功能。

（二）创新草牧业经营模式，实现增产增收

在推进草牧业发展工作中，云南省和贵州省总结推广了一批草牧业生产经营模式。一是"企业 + 贫困户"的产业扶贫模式。如云南牛牛牧业股份有限公司、贵州好一多乳业有限公司等，通过与建档立卡贫困户签订收购合同，提供技术支持等方式，帮助贫困户稳产增收。二是"人工草地 +舍饲、半舍饲"相结合的生态草牧业发展模式。如云南省沾益天茂林牧有限公司、贵州灼甫高原牧场等，采用"放牧 + 补饲"的饲养管理方式，形成了"人工草地 + 舍饲、半舍饲"相结合的生态草牧业发展模式。三是"观光、休闲 + 生态草牧业"产业延伸发展模式。如云南省沾益坤泰园艺有限公司、贵州省阿西里西旅游开发有限公司等，大力开展草地观光、休闲娱乐、农事体验等活动，带动群众致富增收。

（三）发展牧草良种引种，推广优质牧草

牧草良种可以提高牧草的产量和品质，增强牧草对环境的适应性，扩大适种区域，还可以改良天然草场，建植人工草地，保持水土等，是牧草

产业发展的重要基础。为了提高牧草产业的科技支撑水平，扩大优质牧草种植，云南省和贵州省积极尝试牧草引种试验及应用推广工作。云南省2020年开展了43个牧草品种的引种试验，新增14个青贮玉米、6个燕麦草品种、5个小黑麦①品种，在25个牛羊重点生产县继续示范推广种植优质牧草5万亩。贵州省自1983年开始积极开展国内外牧草种质资源引种利用，先后引进了黑麦草、皇竹草、紫花苜蓿、非洲狗尾草等国内外优良牧草资源100多份，通过抓牧草饲料试验示范，为牧草产业发展提供了重要保障。

（四）创新支持政策，促进牛羊产业发展

牛羊产业是现代农业的重要组成部分，发展牛羊产业能够带动饲草产业发展，对推进农业结构调整、稳定肉类产品供给等具有重要意义。为加快推进牛羊产业高质量发展，云南省和贵州省先后出台各项政策，积极探索新型发展模式，有效地促进了当地牛羊产业的发展。

云南省出台了《云南省支持肉牛产业加快发展若干措施》（以下简称"牛九条"），通过财政奖补、金融支持等方式促进肉牛养殖规模扩大。2020年云南省肉牛存栏810.4万头，同比增长4.2%。腾冲市为发展肉牛产业，出台了《支持肉牛产业加快发展七条优惠政策》（以下简称"牛七条"），并创新性地提出了"1+3+6模式"。"1"即原则上在全市范围内每个有条件的行政村至少建设1个标准化养殖场；"3"即每个养殖场按不低于养殖300头肉牛的标准建设；"6"即每个养殖场周边配套600亩牧草生产基地。

贵州省以包括牛羊产业在内的12个农业特色优势产业为主攻方向，深入推进农业结构调整，出台了《省委省政府领导领衔推进农村产业革命工作制度》，成立了省牛羊产业发展工作专班，以种草养畜为突破，因地制宜推广"小规模大群体"养殖模式。根据《2020年贵州省牛羊产业发展工作计划》安排，培育建设肉牛适度规模家庭牧场400个、肉羊适度规

---

① 小黑麦是黑麦草的一个品种。

模家庭牧场 600 个。不断创新贷款方式，通过"特惠贷""惠农脱贫贷""脱贫成效巩固提升 e 贷"等形式，为养殖户提供金融支持。

四、存在的问题

（一）土地资源紧张，牧草产业发展空间受限

当前中国人均肉类消费量持续增长，特别是草食畜肉类消费比例增速很快，为了实现重要农产品稳产保供以及农牧民增产增收的要求，势必要增加牲畜饲养数量和提高畜产品产量，这就需要扩大牧草种植规模，而云南省和贵州省受地形条件限制，连片土地较少，地块小且分散，随着城市的发展和人口的增长，土地资源日趋紧张。此外，中国粮食产需还处于紧平衡态势，确保国家粮食安全的任务还很艰巨，必须要确保粮食种植面积稳定甚至有所增加。为保护生态环境实施的生态保护红线制度、禁牧和草畜平衡制度等，都对土地资源进行了限制，这些政策的实施虽然有效地改善了生态环境，遏制了环境污染，但是也限制了牧草产业的发展空间。

（二）生产水平和条件影响牧草种植效益

牧草生产受天气因素的影响较大，特别是收获加工的时间窗口较窄，加之养殖场对牧草产品数量和质量的要求也比较高，只有在一定的种植加工规模和机械化生产条件下，才能取得较好的生产收益。受资源环境条件限制，目前云南省和贵州省牧草产业发展主要通过冬闲田、夏秋闲田、荒地等闲置土地种草，以及与粮食作物、经济作物轮作、间作、套作种草，即使可以拿出一部分耕地种草，也主要集中在不太平整的土地，地块小、道路差，牧草生产加工和道路运输相对不便，机械化和规模化水平较低，生产成本较高，生产方式粗放，牧草生产的数量、质量和产品供应的稳定性都难以保证，严重影响了牧草种植的经济效益。

（三）直接支持牧草产业的政策较少

当前中国对畜牧业的政策支持主要集中在草原保护建设、奶业生产、

粪污资源化利用等方面，直接支持牧草产业发展的政策偏少，而且有些政策实施条件限制严格，与云南省、贵州省实际情况有差距，无法实现较好的支持效果。如调研了解到目前实施的农机购置补贴政策，规定的农机补贴目录没有将一些适宜当地使用的牧草收储加工机械纳入目录；之前实施的南方现代草地项目，提升了种草、用草及牛羊养殖的快速发展，但是对实施业主要求高，覆盖范围较窄，大部分适度规模户（家庭牧场）不能受益，且该项目已停止实施。

（四）金融保险等方面的支持力度不足

畜牧行业具有先天风险性，企业或个人固定资本不足，生产经营不稳定，市场风险大，融资时既缺乏有效的抵押资产，又缺少担保单位，银行等金融机构出于规避风险的考虑，对畜牧行业金融支持的积极性较低，导致畜牧行业在生产经营中"融资难"的问题日益突出，亟须有效的金融支持政策进行帮扶，但现行政策对金融保险等方面的支持力度不够，信用管理制度、担保机制等还不健全，在系统性、针对性、协调性等方面还有待进一步加强。

（五）牧草加工能力弱，产业链不完善

牧草生产存在较为明显的季节性变动，一般夏秋牧草充足而冬春短缺，因此需要在夏秋季节通过加工技术将多余牧草进行贮藏。但云南省和贵州省牧草加工发展缓慢，投入不足，专业的加工企业少，处理利用方法单一，农作物秸秆利用率较低，现有牧草加工企业规模较小，专业化、机械化水平低，深加工利用度不够。另外，云南省和贵州省降水充足，空气湿度较大，加工干草难度大，烘干成本高，影响了干草加工的发展，难以适应当前畜牧业高质量发展的需求。

五、对策建议

牧草产业是保障畜牧业发展的基础，对于畜牧业发展具有十分重要的

意义，牧草产业不仅关系到畜产品保供，还关系到农村生态环境改善、农牧民增产增收、乡村振兴等多个领域。推进中国牧草产业的发展，有利于实现中国农村经济的可持续发展。需要针对现存问题，进行科学管理、合理规划，创新政策设计，为产业发展提供支持。

（一）科学规划产业布局，合理利用闲置土地

为稳定畜产品生产，保障畜产品市场有效供给，必须要保障畜牧业和牧草产业发展用地。要科学规划产业布局，对禁养区、限养区、保护区的划定应当以草食畜禽生产区划和牧草品种种植区划为基础，统筹考虑水资源、土地资源、光热资源和生物物种资源等情况，兼顾地形地貌、河流降水、人口文化、传统习惯等因素，合理拓展牧草发展空间。粮食安全是关系国运民生的压舱石，是维护国家安全的重要基础，必须要守好粮食安全的生命线，在确保耕地面积稳定的前提下，可以通过合理利用农闲田、荒地、荒坡等土地资源发展牧草产业，缓解"草粮争地"的矛盾。

（二）加大科技支撑力度，拓展牧草利用途径

通过加大优质专用品种培育和专用饲草收获运输机械研制，提高加工保藏技术、栽培模式和配套技术的研究力度，可以为牧草种植业发展提供品种、机械、技术保障，提高牧草生产能力和机械化水平，进而降低牧草生产成本，增加牧草收益。通过拓展牧草料利用途径，提升牧草利用效率，提升牧草附加价值，如推广全混合日粮（TMR）和发酵全混合日粮（FTMR）在草食畜牧业中的生产和应用；有效利用非常规饲料，如块根块茎、蔬菜及副产品等，这些牧料具有贮存时间长、营养价值高、可长距离运输等特点，既能节省牧草种植空间，又能够增加牧草产业效益。

（三）创新支持政策，扶持牧草产业发展

由于牧草产业属于弱质性产业，需要政策的保护和支持，一是可以探索实施优质牧草收储加工补贴政策。科学研究制定补贴标准和范围，对牧草收储加工关键环节进行补贴，包括青贮窖池、围栏、TMR 搅拌机等基

础设施和机械等,利用政策引导牧草产业向优质高效发展。二是建议继续实施南方现代草地项目、"粮改饲"项目,并结合西南地区连片草地少、养殖规模小的实际情况,对项目实施标准进行优化。三是出台建设高标准牧草种植基地支持政策,明确可以用于牧草种植的土地属性,解决牧草产业发展空间受限问题。四是通过实施能繁母牛补贴政策,按照产犊补母的方式扩大基础母牛养殖量,提高良种冻精补贴标准,推广优良品种,优化牛群结构,扩大养殖规模,从需求端拉动饲草产业发展。

(四)加强金融保险等方面的支持力度

加强金融保险等方面的支持力度,提高企业和农户的信贷能力。如多渠道筹资设立风险基金,制定相应风险管理制度,对诚信企业和个人给予担保。通过优惠政策鼓励保险公司开发畜牧行业的信用保险产品,探索保单抵押贷款模式。配合银行开展"活体贷"业务,通过畜牧主管部门的动态监控,降低金融部门的风险,在合理范围内增加活体资产的信贷额度。拓宽畜牧行业融资渠道,完善相关政策,多方位解决畜牧行业发展融资难的问题。

(五)培育优质经营主体,延伸牧草产业链

新型经营主体是牧草产业发展的重要支撑,具有现代知识技能的农牧民是牧草产业发展的主体力量。应当重点培育一批会种草、懂牧业、会经营的新型职业牧民,推进生态养殖合作社、家庭牧场等新型经营主体发展;培育一批适度规模经营的牧草生产专业大户和家庭农牧场。加快推进牧草产品加工型龙头企业发展,加强专业化牧草配送等牧草产业社会化服务组织建设。积极培育和发展草牧业产业化联合体,构建牧草种植、产品加工和商品流通紧密衔接、利益共享的产业链条,降低生产成本,提高生产效率,增强可持续发展能力。形成以需求为导向的牧草产品生产加工格局,创新草畜融合模式和商品流通机制,提升产业链各环节的经济效益,保证产业协调稳定发展。

新时期吉林西部农业结构转型促进乡村产业振兴的路径探析

王明利　　熊学振

推动农业产业结构调整既是保障国家食物系统安全的内在要求，也是促进乡村产业繁荣兴旺的有效途径（高强、孔祥智，2014）。当前，中国农业三元生产结构已经调整到位，逐步实现了从"以粮为纲"到"粮经饲协调发展"的历史演化，为强化农业基础支撑、保障农民持续增收发挥了重要作用（王明利，2015）。新时期，"粮经饲"三元种植结构同中国居民膳食消费结构的矛盾渐渐显露，集中表现在优质牧草资源供给难以保障草食畜牧业的发展需要，并进一步抑制草畜产品的有效供给等深层面问题，继续沿用三元结构调整的发展理念显然无法从根本上重视牧草产业发展地位，不利于切实保障草食畜牧业的资源供给（李向林等，2016）。为满足居民对牛羊肉、奶产品快速增长的消费需要，近年来国家先后出台《推进肉牛肉羊生产发展五年行动方案》《"十四五"全国饲草产业发展规划》，支持发展牛羊产业和扩大饲草供给，2022 年中央一号文件《中共中央 国务院关于做好 2022 年全面推进乡村振兴重点工作的意见》指出"耕地主要用于粮食和棉、油、糖、蔬菜等农产品及饲草饲料生产"，表明区分牧草和饲料实施"粮＋经＋饲＋草"四元结构已成为新时代农业发展的切实需要①。吉林西部土地资源丰富，但长期粮猪主导的农业格局面临发展上的不可持续性，人口流失、产业凋敝、土壤退化等问题突出（赵一赢，2016；聂英，2015；李海毅，2007），亟须深刻洞察产业基础、加快产业结构调整，有力保障乡村振兴。

---

① 中共中央 国务院关于做好二〇二二年全面推进乡村振兴重点工作的意见 ［N］. 人民日报，2022 – 2 – 23.

一、吉林西部农业发展现状与突出问题

（一）农业发展现状

1. 农业经济地位主导性明显

从区域整体产业结构来看，吉林西部农林牧渔业生产总值比重远高于全国平均水平，农业仍是乡村第一大主体产业。2011～2020年，四平①、松原、白城三市农林牧渔业生产总值比重明显上升，特别是2019～2020年三市增幅整体加快（见图1）。总体来看，2020年西部农林牧渔业占国内生产总值（GDP）比重高达59.3%，显著高于同年吉林省的24.3%及全国的13.6%，农业经济的基础性和主导性特征明显。

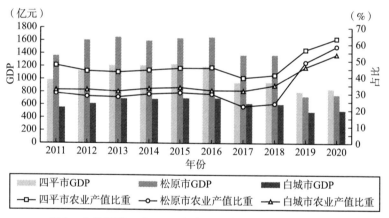

图1 吉林西部三市 GDP 及农业生产总值占 GDP 的比重

资料来源：历年《吉林统计年鉴》。

2. 粮食产量长期稳定在较大规模

吉林西部是全省的重要粮仓。2020年四平、松原、白城三市以1908.4万吨的粮食产量占全省的50.2%，尽管较2011年的55.2%有所下

---

① 2020年6月，公主岭市从四平市代管改为由长春市代管，为保证统计口径一致性，本文所采用的四平市数据均包含公主岭市。

降，但仍然稳定在全省粮食产量的一半左右。其中，白城市粮食产量增幅明显，较 2011 年提升 54.9%，松原、四平粮食产量有所波动但总体仍然稳定（见图2）。2020 年，吉林西部粮食作物播种面积 279.9 万公顷，占农作物总播种面积的 89.3%、占全省粮食面积的 49.3%。粮食产量和播种面积都占据全省的半壁江山。从粮食生产结构来看，玉米、稻谷、大豆分别占粮食播种面积的 75.4%、13.9% 和 3.6%，吉林西部生产了全省近一半的稻谷和玉米。优越的粮食资源条件为西部乡村产业振兴夯实了基础。

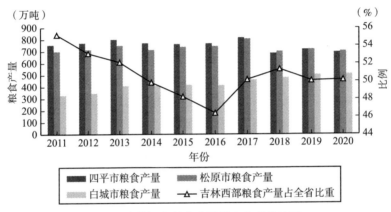

图2 吉林西部粮食产量及占全省的比重

资料来源：历年《吉林统计年鉴》。

3. 畜牧业生产规模出现下降

从农林牧渔产业结构来看，吉林西部种植业和畜牧业占有重要比例，2020 年分别能够达到该地区农林牧渔产业结构的 46.9% 和 47.3%，是农业产业的主要部分。从全省来看，2020 年吉林省畜牧业产值、肉类产量在全国的比重较 2010 年均有小幅升高。但在吉林全省畜牧业稳定发展背景下，西部地区畜产品产量已显露下降势头，大牲畜及生猪存栏降幅明显，猪肉和禽蛋产量多年连续下降，牛羊肉增产乏力，西部畜牧业产值在全省的比重由 2016 年的 45.3% 快速降至 2020 年的 38.2%，这种变化趋势与该地区丰富的粮食、草地等畜牧业资源禀赋优势很不协调（见表1和图3）。

表1　　　　　　　　　　吉林西部农林牧渔业生产总值及比重

年份	种植业			林业			畜牧业			渔业		
	产值（亿元）	占农业比例（%）	占全省比例（%）	产值（亿元）	占农业比例（%）	占全省比例（%）	产值（亿元）	占农业比例（%）	占全省比例（%）	产值（亿元）	占农业比例（%）	占全省比例（%）
2013	664.3	56.6	52.7	13.5	1.2	13.8	480.3	40.9	40.1	15.2	1.3	41.4
2014	665.9	55.1	49.6	20.8	1.7	19.9	505.8	41.8	42.3	16.3	1.4	40.7
2015	681.3	53.7	48.7	22.5	1.8	20.5	547.7	43.2	44.0	16.4	1.3	41.2
2016	623.0	50.7	50.6	21.4	1.7	20.0	567.5	46.2	45.3	17.7	1.4	41.1
2017	429.5	50.9	48.0	19.0	2.3	27.4	378.0	44.8	38.5	17.6	2.1	42.3
2018	475.1	52.8	47.9	21.4	2.4	29.2	385.4	42.8	38.5	18.6	2.1	47.5
2019	486.3	48.5	47.9	19.4	1.9	29.4	478.2	47.7	38.6	19.5	1.9	48.6
2020	586.0	46.9	47.6	18.8	1.5	26.1	591.0	47.3	38.2	20.2	1.6	48.8

资料来源：历年《吉林统计年鉴》。

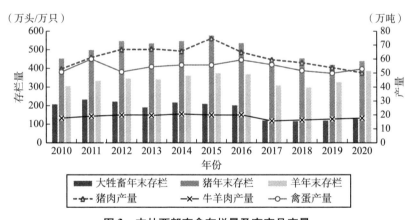

图3　吉林西部畜禽存栏量及畜产品产量

资料来源：历年《吉林统计年鉴》。

（二）现有突出问题

1. 人口持续快速流失，乡村地区老龄化严重

据第七次人口普查得知，2020 年吉林省人口数量较 2010 年减少

12.3%，而吉林西部的人口减幅更是达到 32.3%，人口流失现象十分严重①。在西部地区调研同样发现，常年在村农民年龄多为 50 岁以上，青壮年劳动力基本选择到外省打工，留在当地打工的月收入一般在 2,000 ~ 3,000 元甚至更低，且较多四五十岁的劳动力由于需要照顾老人和小孩而无法外出，被迫以务农和打零工为生，多数从事养殖业的人员年龄均在 50 岁以上。伴随人口外流，西部乡村人口老龄化、乡村"空心化"问题持续加剧，普查数据显示，四平、松原、白城 60 岁及以上人口占总人口比重为 24.48%、21.50%、23.59%，远超过国际老龄化标准 10% 的水平②，老龄化问题突出。总体来看，西部人口结构严重失衡，乡村振兴缺乏青壮年劳动力支持；懂农业、爱农村的知识型人才严重缺乏，乡村人口中初中以下学历人口占比较高，知识型人才的缺失成为西部乡村振兴的一个关键制约因素。

2. 乡村产业结构单一，过度依赖玉米和生猪

高度依赖玉米和生猪生产，总体产业结构十分单一，多元化、特色化的产业形态尚未形成。种植业方面"一粮独大"，牧草产业长期没有得到足够重视，籽粒玉米生产在种植业结构中占据绝对份额，呈现"以饲为主，粮经为辅"的种植业结构，2020 年西部三市玉米播种面积 210.9 万公顷，占农作物播种面积的比重由 2010 年的 59.4% 扩大至 67.3%，将玉米计入饲料后吉林全省种植业结构中"饲"的比重已高达 69.8%（见表2）；畜牧业方面"一猪独大"，草食畜牧业优势没有得到充分发挥，猪肉产量比重由 2010 年的 57.5% 扩大至 2019 年的 61.7%，而牛羊肉产量则仅为 21.7%，产业地位逐步下滑（见图4）。吉林西部作为重要粮食和畜牧业生产功能区，长期依赖"玉米—生猪"产业结构，第二、第三产业发展非常滞后，以农业生产和初级农产品加工业为主的生产结构，既留不住产业发展的经济效益，也留不住劳动力和人才资源。

---

① 联合国人口学会·人口学词典 [M]. 北京：商务印书馆，1992.
② 吉林省统计局. 吉林省第七次全国人口普查公报 [EB/OL]. http://tjj.jl.gov.cn/tjsj/tjgb/pcjqtgb/，2021-05-24/2021.9.12.

表2　　　　　　　　　吉林省"粮+经+饲"三元结构调整状况

年份	将玉米计入粮食	将玉米计入饲料
2011	87.03∶12.93∶0.03	23.07∶12.93∶63.99
2012	86.74∶13.22∶0.04	20.25∶13.22∶66.53
2013	88.49∶11.49∶0.03	18.14∶11.49∶70.38
2014	89.05∶10.91∶0.04	16.70∶10.91∶72.39
2015	89.42∶10.55∶0.04	14.56∶10.55∶74.89
2016	91.41∶8.57∶0.01	21.45∶8.57∶69.98
2017	91.09∶8.89∶0.02	22.67∶8.89∶68.44
2018	92.09∶7.82∶0.09	22.50∶7.82∶69.68
2019	92.28∶7.63∶0.09	23.30∶7.63∶69.07
2020	92.37∶7.54∶0.09	22.67∶7.54∶69.79

资料来源：历年《中国农村统计年鉴》、历年《吉林统计年鉴》，并经计算所得。

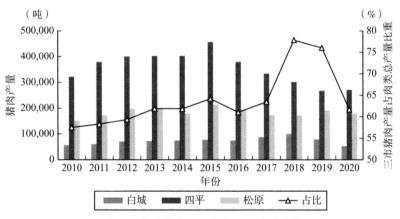

图4　吉林西部猪肉产量及在肉类总产量中的比重

资料来源：历年《吉林统计年鉴》。

3. 资源禀赋利用不当，发展潜力挖掘不足

吉林西部在草地、盐碱地、作物秸秆和水热条件等方面都为草畜产业发展奠定了优势基础，但草畜产业总体发展水平与资源储备结构不匹配，与国家牛羊产业发展趋势相背离。从资源基础来看，吉林西部草原面积

56.5 万公顷（占全省的 81.8%）、盐碱地面积 95.5 万公顷（占全省的 98.5%），种植苜蓿和饲养基础母畜的资源条件非常优越。然而，吉林西部三市牛羊肉产量分别仅为 13.1 万吨、3.9 万吨，甚至不足中国北方或中西部一个主产县的产能。从资源利用来看，吉林西部草原面积锐减、草原生产力与载畜量大幅降低，草原保护、种草养畜、农牧结合长期没有得到足够关注，全省秸秆饲料化利用率仅为 17.7%，严重制约打造全国"大肉库"目标的顺利实现。长期以来，吉林西部对资源优势的挖掘力度不足、投入水平不高，难以实现资源优势转型产业发展优势，致使发展机遇流失、发展动能弱化。在《推进肉牛肉羊生产发展五年行动方案》等国家战略背景下，调整发展方向、深挖资源基础、转型产业结构已迫在眉睫。

4. 发展观念严重落后，产业规划仍未起步

在粮食安全转型食物系统安全背景下，国家高度重视草牧业发展，并于 2016 年出台《关于促进草牧业发展的指导意见》，支持东北西部发展以"放牧 + 补饲"为主的草食畜牧业。此外，针对近年耕地"非农化"及撂荒等问题，国家鼓励扩大牧草生产。但对吉林西部县乡村三级领导干部和广大农户调研发现，"以粮为纲"的思想倾向依然严重，对国家重大战略政策普遍存在"农民不知道、干部等靠要"的现象，地方领导思想观念严重落后、乡村产业发展规划严重缺失。总体来看，吉林西部地方领导对草牧业的认识和重视程度远远不足，草业发展的配套举措和体系建设基本缺位，严重约束草畜产业发展，制约"千万头肉牛"目标的如期实现。

二、农业产业结构转型的总体思路及其现实意义

（一）总体思路

中华人民共和国成立以来，中国农业历经以粮为纲、粮经结合、"粮经饲"三元结构调整三个阶段，这是适应国民膳食营养需要的重要演进。但长期以来，国内农业生产决策相对忽视"草"的地位及其重要性，不利于科学优化农业产业战略布局。推动吉林西部地区农业产业结构转型，即

是要顺应新时期食物系统结构调整的实践需要，以目标为导向加快构建优质高效、营养健康、资源环境可持续的现代农业体系。这其中，以过度单一为主要表征的不合理农业产业结构对粮食安全和高质量发展都难以发挥保障作用，更无法从根本上优化资源利用方式提高农业生产效率（王明利，2020）。立足吉林西部地区的资源基础与发展优势，本文认为应当深刻审视吉林西部显露出的农业结构问题，充分依托土地等资源禀赋优势，实施"粮＋经＋饲＋草"四元结构转型，推动形成保证粮食安全的同时，也能促进产业繁荣的发展模式。

（二）现实意义

吉林西部农业生产资源环境约束趋紧、要素投入成本攀升、比较收益持续下降等严峻挑战背景下，发展草畜产业、实施四元结构将有助于推动探索多元化、可持续的现代农业发展路径。在顺利完成粮食安全保障、黑土地资源保护两大任务目标基础上，促进全省绿色发展和西部乡村产业繁荣，为"千万头肉牛"工程的顺利实施提供重大战略支撑和资源保障。

1. 有效保障粮食安全

习近平总书记五年内三次视察吉林，对保障粮食安全作出重要指示[①]。粮食生产是吉林全省的头等大事，更是耕地资源丰富的吉林西部的头等大事[②]。在吉林西部发展草畜产业，有助于提高农业资源利用效率和农牧业生产效率，为粮食安全和食物系统安全发挥更大贡献。

首先，发展草畜产业能够提高土地资源利用效率。传统农业重收"籽实"、对采用青贮技术而达到全株利用的收割方式接受程度不高，而适时收获植物地上全株营养体所获得的营养物质一般是籽实的 3～5 倍（任继周，2013），可以大幅提高单位土地所创造的植物营养价值。其次，发展草畜产业能够推动耗粮型畜牧业向节粮型畜牧业转变。单位牛羊肉的饲料粮消耗仅为猪肉的 60%～80%、禽肉的 70%～90%（韩昕儒等，2014），

---

① 把保障粮食安全放在突出位置［N］. 人民日报，2020 - 07 - 26.
② 采取有效措施把黑土地保护好利用好［N］. 人民日报，2020 - 07 - 29.

扩大草畜产业比重将大幅减少饲料粮消耗。最后，发展草畜产业能够提高优质畜产品生产效率。中国泌乳牛单产从 3 吨左右提高到 7 吨左右，优质牧草贡献率达到 70% 以上。增加牧草补饲可以降低对饲料粮的过度依赖。未来，在粮食安全向食物系统安全和营养安全转型定位的过程中，发展草畜产业能够减少粮食消耗、促进粮食增产，有效保障涵盖粮食、畜产品在内的大食物系统的安全。

2. 助力保护黑土地资源

吉林全省黑土地面积为 9,100 余万亩，西部三市是重要的黑土分布区和粮食生产功能区。2020 年，习近平总书记在吉林西部调研时强调"采取有效措施切实把黑土地这个'耕地中的大熊猫'保护好、利用好，使之永远造福人民"①，切实加大黑土地保护力度是落实"藏粮于地、藏粮于技"战略的重要实践②。

种植牧草对于破解农业面源污染、土壤退化以及保护黑土资源具有重要意义。一方面，牧草产业能够促进种养业有机衔接，草食畜对牧草全株利用后过腹还田，既能提升资源利用效率，又有利于培肥地力、改善土壤生态，真正实现农牧耦合、种养循环；另一方面，传统的单一"籽实"利用易产生大量的秸秆废弃物，秸秆燃烧进一步污染和破坏生态环境，发展牧草产业可以有效解决秸秆浪费及因焚烧产生的环境问题和监管成本问题。东北地区土壤肥力已出现严重下降。20 世纪 80 年代初东北地区土壤肥力综合指数为一、二级的耕地占比 80%，但 21 世纪初有 98% 以上耕地的土壤肥力为二、三级。牧草生产对提高土壤肥力、改善土壤生态有显著作用。连续生长三年苜蓿的土壤，每公顷产根系 9 吨左右，每亩地根瘤菌固氮 9 ~ 15 千克，使有机质含量比重提高 0.1 ~ 0.3 个百分点（毛吉贤等，2009）；种植 1 年、2 年和 3 年的苜蓿地，其土壤氮净增加量分别为每公顷 83 千克、115 千克和 124 千克。吉林西部地区农业生产结构相比全国更为单一，粮猪独大的单一结构极易造成土壤退化，农业面源污染问题突出，保护黑土地压力巨大，亟须加快结构调整。

---

① 把保障粮食安全放在突出位置 ［N］. 人民日报，2020 - 07 - 26.
② 采取有效措施把黑土地保护好利用好 ［N］. 人民日报，2020 - 07 - 29.

3. 推动"双碳"目标实现

碳达峰与碳中和不仅是中国对全世界作出的庄严承诺，更是建设社会主义生态文明的必然要求。实现 2030 年和 2060 年的碳达峰与碳中和目标，不仅需要减排，还要着力扩大碳汇。发展牧草产业能够扩大生态碳汇空间，助力吉林省加快实现碳达峰与碳中和目标。一方面，草地是重要的生物固碳主体，固碳方式包括土壤固碳和地上植物固碳两种，全球草原生态系统中碳的总储量约为 308Pg[①]，其中中国草原总碳储量约 44.09Pg（Ni，2002），扩大种草面积将有效提升吉林西部的碳贮存和碳吸收能力。另一方面，种植青贮玉米或苜蓿相比籽粒玉米的单位土地碳排放量大幅减少、碳汇量明显增加，且相比天然草地具有更强的固碳能力。1 公顷苜蓿的固碳量约为 3.4 吨，远高于草地的 1.3 吨。发展草畜产业能够扭转吉林西部大量低产田、盐碱地"高投入—低产出"的粮食生产状态，大幅减少化肥、农药投入，同时实现减少碳排放、扩大碳贮存的目的（张英俊等，2013）。发展牧草产业、构建"粮 + 经 + 饲 + 草"四元结构，将有助于吉林西部形成畜牧业与资源环境协调发展的生态生产格局，最大限度中和当地畜禽乃至工业等其他部门的碳排放，形成"粮 + 经 + 饲 + 草"与畜牧业及其他产业部门相融合的生态发展模式，并把吉林西部发展成为碳达峰与碳中和的农牧循环生态系统示范样板，引领全省乃至全国农牧业绿色低碳发展。

4. 支撑肉牛产业发展

吉林省是全国重要的优势肉牛主产区，发展肉牛产业的起步时间较早、资源基础深厚。为加快推进"秸秆变肉"工程暨"千万头肉牛"工程建设，吉林省政府先后出台《吉林省"秸秆变肉"工程实施方案》《吉林省做大做强肉牛产业十条政策措施》等重要政策文件，高度重视发展肉牛产业[②]。

已有发展经验表明，单纯依靠秸秆很难达到理想的育肥效果，且牛肉品质难以满足当前的消费需求。发展牧草产业能够显著提高肉牛生产效

---

① Pg 为碳储量单位，$1Pg = 10^{15}g$。

② 吉林省统计局. 吉林省第七次全国人口普查公报［EB/OL］. http：//tjj. jl. gov. cn/tjsj/tjgb/pcjqtgb/. 2021 – 05 – 24/2021 – 9 – 12.

率。西门塔尔牛育肥实验表明，"苜蓿干草组"相比"麦秸组"能够为肉牛提供更充足的粗蛋白质和多不饱和脂肪酸等营养物质，拉动毛利润提高80.35%；同时，日粮添加24.15%苜蓿干草和27.55%青贮玉米能够改善牛肉品质，提高肌间脂肪沉积量（刘华等，2020）。扩大牧草生产规模、实施"粮+经+饲+草"四元结构将有助于吉林西部形成"优质牧草—作物秸秆—玉米饲料"互补的肉牛养殖饲草料体系，为肉牛产业提供更加优质、健康的饲喂原料，保障"千万头肉牛"目标的顺利实现和肉牛产业的长期高质量发展。以牧草产业为依托，加快发展牛羊等草食畜牧业、生产性服务业、观光旅游业和特色农产品加工业，将有效支撑吉林西部乡村产业全面振兴、农牧民收入持续增长。

三、推动"粮+经+饲+草"四元结构调整的发展目标

（一）吉林西部乡村产业发展愿景

在全面推进乡村振兴和加快农业农村现代化的新时期，需要依托乡村特色产业资源构建现代乡村产业体系。吉林西部实施"粮+经+饲+草"四元结构将为繁荣乡村产业、促进农业绿色发展带来重要机遇。通过结构调整，拟形成以耕地、草地资源禀赋为依托，以"粮+经+饲+草"四元结构调整为驱动，以粮草轮作、农牧循环、种养结合为引领的西部特色乡村产业集群。

1. 粮食安全有保障

粮食产量稳定在现有规模左右，优先保障口粮安全、持续巩固饲料粮安全，扩大杂粮杂豆的生产面积和扶持力度。在粮食生产方面，坚持粮食安全保障任务的工作总基调，落实藏粮于地、藏粮于技的总方略，把扩大耕地面积、扩大化肥农药投入的增产思路转向依靠黑土地保护、良种推广、技术进步，发展多样化的耕种收机械和保护性耕作，提升粮食综合生产能力。适当压缩籽粒玉米播种面积，支持发展青贮玉米、鲜食玉米，形成结构合理、营养健康、发展可持续的粮食生产局面。

2. 草畜产业有活力

推动吉林西部建设成为草业繁荣、牧业兴盛的草牧产业新高地。利用土地资源优势扩大牧草持续供给能力，充分激活天然草地、盐碱地、低产田和黑土地的牧草生产潜力；通过人工补播、混播及改良等方式在天然草地打造现代精品草原；通过培育推广耐盐碱牧草良种和配套基础设施把盐碱地、低产田建设为优质牧草生产基地；通过"粮改饲"和粮草轮作在黑土地建设高标准草田。大力发展草食畜牧业，力争实现肉牛、肉羊、奶牛等草食畜种养殖规模在现有基础上翻一番，构建与资源环境相协调的生态生产型畜牧业体系。

3. 农牧结合更紧密

在优化粮食、牧草等种植业结构基础上，配套规模适宜、结构协调的畜牧业，形成"草—畜""粮—畜"等多样化的农牧结合模式，为全省、全国贡献更大的生态力量。一方面，西部畜禽养殖的总规模要与资源环境承载力相适应，既要避免畜禽养殖规模超出资源环境可承载规模，也要防止过度的粮草资源和土地资源浪费；另一方面，畜禽养殖结构和草地、耕地等资源禀赋结构要协调，根据草地面积广阔的特征扩大草食畜牧业发展规模，彻底扭转"玉米—生猪"的单一化乡村产业格局。经过结构调整，形成牧草产业与草食畜牧业、饲料粮产业与食粮型畜牧业充分耦合的新局面，促使生态生产型畜牧业固碳能力大幅提升，并成为吉林全省重要的碳汇中心。

（二）四元结构调整的具体目标

综合西部资源条件、政策规划以及草牧业发展目标，认为应当把现有的"粮（22.5%）+经（10.9%）+饲（66.6%）"三元结构调整为"粮（22.5%）+经（10.9%）+饲（40.0%）+草（26.6%）"四元结构①，这对支撑西部草牧业发展和振兴乡村产业将发挥关键作用，如表3所示。

---

① 粮食中的玉米已计入"饲料"中。

表 3   吉林西部种植业结构及牛羊存栏的目前状态和目标状态

项目	目前状态	目标状态
种植业结构	22.5（粮）:10.9（经）:66.6（饲）	22.5（粮）:10.9（经）:40.0（饲）:26.6（草）
牛存栏（万头）	146	300
羊存栏（万只）	398	800

资料来源：《吉林统计年鉴》及三市经济和社会发展统计公报，并经计算所得。

坚持总体稳定、压"饲"、扩"草"的基本思路推动种植业结构调整。主要采用农田中的低产田集中连片种植牧草。粮食作物比重在现有水平不变，播种面积维持在 70 万公顷左右，稻米、大豆及各类小杂粮年产量稳定在 420 万吨以上；经济作物比重在现有水平不变，播种面积为 30 余万公顷，主要种植各类蔬菜、水果及中草药；饲料作物比重由 66.6% 调减至 40%，播种面积为 120 余万公顷，主要种植籽粒玉米，年产量在 1,200 万吨以上；农田种草（主要利用盐碱化的低产田）比重提高至 26.6% 左右，播种面积为 80 余万公顷，主要种植青贮玉米和苜蓿，年产优质苜蓿干草 350 万吨、青贮玉米 2,500 万吨。

除此之外，还要在不纳入农田统计范畴的未利用地、盐碱地及草原实施人工种草和改良种草。拟在不属于农田范畴的盐碱地打造 40 万公顷的苜蓿、混播牧草生产基地，采用"人工种草 + 放牧/割草"等生产模式，实现年产苜蓿干草 60 万吨、混播牧草干草 200 万吨。依靠人工改良等措施在草原打造近 30 万公顷的现代精品草原，通过补播草种、喷灌抗旱等措施有效提升天然草原生产力。最终，通过农田种草、盐碱地改良种草、草原补播种草，促使吉林西部牧草生产总面积突破 150 万公顷，"粮 + 经 + 饲 + 草"四元结构格局全面形成，为草牧业发展提供坚实的资源支撑，为碳达峰与碳中和提供更大的碳汇空间。

四、构建"粮 + 经 + 饲 + 草"四元结构的政策建议

为有效推动吉林西部农业生产结构转型、保障乡村产业振兴，提出以

下政策建议:

(一) 坚持把"粮+经+饲+草"四元结构提高到乡村振兴的战略高度

深刻认识三元结构的发展弊端和长远局限,采取统筹全局、因势利导的战略思维,通盘谋划吉林西部的发展方向与保障机制。积极响应国家战略导向、坚决落实中央决策部署,把四元结构调整和草牧业发展作为吉林西部乡村产业发展的重要政治任务。在思想上,充分认识"草"的关键地位,立足西部资源禀赋和乡村产业发展实际,把盐碱荒滩的区位劣势转变为发展草牧业的资源优势;在行动上,制定出台"粮+经+饲+草"四元结构调整的政策文件和配套规划,扭转"口粮安全就是粮食安全"的传统模式,以大食物系统安全观为指导,优化四元结构基础上的食物安全决策,将吉林西部建设为全国重要的大粮仓、大奶罐、大肉库。把吉林西部资源条件同东北黑土地保护、"粮改饲"、肉牛肉羊提质增量行动、农业产业融合发展、草原生态保护补助奖励等政策体系紧密结合,形成四元结构调整的政策合力。

(二) 坚持把培育现代新型经营主体作为促进农业结构调整的重要抓手

发展牧草产业对劳动力素质提出了更高要求,传统小农户生产模式难以适应牧草产业规模化种植、集约化经营、专业化收贮加工的现实需要,应当积极培育"龙头企业+种植大户"等组织形式。针对规模化的土地流转、专业化的市场运营及复杂的生产技术和机械管理等环节内容,充分发挥龙头企业与种植大户在资金、技术、运营及土地资源等方面的优势条件,鼓励双方通过签订合作协议保障牧草生产在风险可控范围内有序运转。尤其是面向具有规模化生产意向的农户,开展生产能力提升、种养合作技能、返乡下乡创业、经营管理方式等专业培训,加快培养一批懂技术、善经营、会管理的高素质农业经营主体。此外,针对不同主体间的资源配置差异,鼓励发展专业合作社带动模式,形成产权清晰、激励有效的利益联结机制。

（三）坚持把健全社会化服务体系作为农业结构顺利转型的重要保障

农业社会化服务体系是加快模式转型、推进规模经营和提升生产效率的重要支持，在农业产业结构转型过程中将发挥更大的保障作用。一是扩大生产服务的供给保障能力，强化牧草生产资料购买服务、牧草良种引进推广服务，为生产管理环节提供系统化的技术支撑和系列保障；二是强化草畜产业发展的金融保障。规模化牧草生产、专业化牧草青贮加工和肉牛奶牛扩繁都具有较高的资金门槛，资金不足约束相关主体的生产积极性，需要通过设立牧草产业专项基金、发展"基础母牛银行"等方式撬动多方资本参与；三是做好产业发展的信息系统服务，及时、准确把握并发布市场供需信息，积极调整市场运行状态，提升生产主体、经营主体的市场信息获取能力。

（四）坚持把高标准配套基础设施作为草畜协调发展的关键支撑

"粮＋经＋饲＋草"四元结构和畜牧业的协调发展是保障种养两大体系协调发展和农牧有效循环的基础。要做到种植业结构与畜牧业结构相匹配，不仅是玉米等饲料粮与生猪等食粮型畜牧业相匹配，还要做到牧草生产与草食畜牧业相匹配，构建种养结合、农牧循环的良性发展格局。农牧协调高质量发展对农田及各种基础设施的建设提出了更高要求，深化四元结构与畜牧业协调发展也要求建立更加完备的基础条件，特别是牧草产业发展对区域生产规模、生产设备、运输和储存条件等都有严苛要求，需要针对各产业内容提供全面的机械化服务、关键技术指导和高标准的基础设施保障，为农田种草配套建设交通健全、水电齐全的高标准草田。

（五）坚持把产业重构与品牌建设作为乡村特色产业发展的引领方向

在吉林西部实施"粮＋经＋饲＋草"四元结构，必须立足当地资源基础和产业基础，深挖区域发展的各种潜在优势条件，通过全局的产业重构和品牌建设引领乡村产业高质量发展。一是要明确吉林西部在现有小杂粮产业和种养结合方面的发展优势，瞄准今后预期发展方向，对现有资源实施深度整合，加快产业调整、重构的发展步伐；二是要围绕地域优势、产品优势，汇集全区力量打造具有一定知名度和影响力的农产品品牌，丰富农产品品种类别，对接高层次、多渠道的全国销售网络；三是要分区域找准具有关键支撑性、驱动性的特色产业和支柱产业，在吉林西部打造地域特色鲜明、发展成效显著的区域产业集群，在特色产业或支柱产业辐射带动下探索发展领域广泛、层次多样的四元结构乡村高质量产业体系，引领乡村特色产业健康发展。

参 考 文 献

［1］高强，孔祥智．中国农业结构调整的总体估价与趋势判断［J］．改革，2014（11）：80 - 91.

［2］韩昕儒，陈永福，钱小平．中国目前饲料粮需求量究竟有多少［J］．农业技术经济，2014（8）：9.

［3］吉林省人民政府办公厅关于印发吉林省"秸秆变肉"工程实施方案的通知［J］．吉林省人民政府公报，2020（21）：9 - 13.

［4］李海毅.3S技术支持下的吉林省土地退化动态研究［D］．长春：吉林大学，2007.

［5］李向林，沈禹颖，万里强．种植业结构调整和草牧业发展潜力分析及政策建议［J］．中国工程科学，2016，18（1）：94 - 105.

［6］刘华，牛岩，肖俊楠，等．不同粗饲料与全株玉米青贮组合对肉牛生长性能、血清生化指标、血清和组织抗氧化指标及肉品质的影响［J］．动物营养学报，2020，32（5）：2417 - 2426.

［7］毛吉贤，石书兵，马林，等．免耕春小麦套种牧草土壤养分动态研究［J］．草业科学，2009，26（2）：86 - 90.

［8］聂英．吉林省西部地区土地开发整理区域效应及其综合效益评价［D］．长春：吉林农业大学，2015.

［9］任继周．我国传统农业结构不改变不行了——粮食九连增后的隐忧［J］．草业学报，2013，22（3）：1 - 5.

［10］王明利．"十四五"时期畜产品有效供给的现实约束及未来选择［J］．经济纵横，2020（5）：100 - 108.

［11］王明利. 有效破解粮食安全问题的新思路：着力发展牧草产业［J］. 中国农村经济, 2015 (12): 63 –74.

［12］张英俊, 杨高文, 刘楠, 等. 草原碳汇管理对策［J］. 草业学报, 2013, 22 (2): 290 –299.

［13］赵一嬴. 吉林西部草地退化机理研究［D］. 长春：吉林大学, 2016.

［14］Ni J. Carbon storage in grasslands of China［J］. Journal of Arid Environments, 2002, 50 (2): 205 –218.

牧草成本收益与效率专题

中国牧草生产成本收益变化趋势分析（2021）

倪印锋　王明利

发展牧草产业不仅有利于缓解中国大量进口牧草以及草食畜产品的压力，而且对调整农业种植结构、推进草畜一体化、实施奶业振兴、维护生态安全和促进绿色低碳发展具有重要意义。"三聚氰胺"事件以来，国家高度重视牧草产业，出台振兴奶业苜蓿发展行动助力牧草产业发展。2015年以来，中央一号文件也多次明确指出深入推进农业结构调整，加快发展草牧业，支持青贮玉米和苜蓿等饲草料种植，开展"粮改饲"和种养结合模式试点，促进粮食、经济作物、饲草料三元种植结构协调发展，加快建设现代饲草料产业体系，牧草产业发展取得显著成效。党的十九大报告提出"像对待生命一样对待生态环境，统筹山水林田湖草系统治理"，把草纳入生态环境系统的重要地位。但是，目前牧草生产仍存在效率不高、产品质量较低、国际竞争力不强等诸多问题，成为制约中国牧草产业现代化发展的关键因素。要推动牧草产业持续稳定发展，必须科学了解牧草成本收益及要素投入配置情况，从而为生产经营者和政策制定者制定决策提供参考。在前期研究中，牧草产业课题组已对 2020 年及以前数据库中的牧草成本收益变化进行了详细分析。2021 年，国家牧草产业技术体系产业经济研究室继续对数据库中主要牧草生产的成本收益信息进行跟踪调查，对牧草生产的成本收益情况进行分析和总结，并为进一步进行牧草生产效率研究奠定基础。

一、牧草成本收益变化分析

（一）苜蓿生产成本收益变化情况分析

1. 2021 年苜蓿生产成本上升明显，主要生产资料价格均有所增加

由表 1 可知，2021 年苜蓿种植总成本比 2020 年有上升明显，增长了

27.29%。从各分项成本来看，2020～2021年种子、人工、肥料、水电、机械和租地费等均有所增加。其中租地费、人工费和机械费增长较多，分别增长了60.47%、21.97%和11.93%。调研发现由于近年来价格上涨，生产者开始愿意租用好地种植苜蓿，使得苜蓿产量得到较大提升的同时，地租费也显著增加；另外，农村劳动力持续流失导致用工成本增加，同时由于今年收获雨水较多，使得机械费用也有一定增加。肥料费增长了13.46%，主要是由于肥料价格上升导致，而非施用肥料增加。人工费近年来波动相对较大，主要与当地劳动力素质和水平有关；种子费增加也较多，主要是随着商品化程度越来越高，当效益下降时生产者会主动缩减了种植年限。其他费用有所下降，说明农药和运输费等投入增加趋势得到遏制。从成本结构来看，地租费和机械费均值在总成本中比例最高，这也是苜蓿产业发展的未来趋势。现代化苜蓿产业发展，必须依托土地流转实现规模化，而实现规模化就必须走机械化道路。目前，中国牧草产业发展的机械问题依旧突出，国产机械发展相对滞后，进口机械费用昂贵。土地和机械问题将成为苜蓿产业规模化、标准化、现代化发展的关键制约因素。

表1　　　　　　　　　　苜蓿各项成本费用情况　　　　　　　　单位：元/亩

年份	种子费	人工费	肥料费	水电费	机械费	租地费	其他费用	总费用
2014	15.53	94.28	102.38	56.91	151.06	160.18	11.57	591.91
2015	16.79	91.44	105.08	50.20	150.71	193.24	7.18	614.64
2016	16.34	71.28	125.10	38.71	153.57	243.22	10.42	658.64
2017	15.28	92.37	97.26	49.85	168.96	202.60	9.49	626.32
2018	15.05	69.24	111.88	41.82	173.00	151.21	14.84	577.04
2019	17.05	93.60	108.33	57.55	193.93	156.17	32.53	659.16
2020	16.14	75.83	100.51	60.10	191.20	156.35	25.55	625.68
2021	20.67	92.49	114.04	82.52	214.01	250.89	21.78	796.40
均值	16.61	85.07	108.07	54.71	174.56	189.23	16.67	643.72

注：各项费用以种植面积为权重求其均值，其中种子费按照5年周期进行折算。

总体来看，2014 年以来苜蓿种植成本呈现波动上升的趋势，2021 年总费用比历年总费用都高。2014 年总费用为 591.91 元/亩，到 2021 年增加到 796.4 元/亩，增长了 34.55%。主要是由于机械费和租地费绝对量和相对量都显著增加，虽然其他费用增幅最大，但绝对量和在总费用中占比相对较小。其他费用的增加说明农药和运输等成本费用在总成本的比例逐渐增大，政策制定者对牧草运输应出台相应优惠政策，应享受与农产品运输同样待遇降低运输成本。机械费 2021 年比 2014 年增加了 41.67%，说明随着机械化水平提高，相应的机械投入加大，长期来看有利于牧草产业发展，可以通过提高机械社会化服务水平等来降低生产成本，但短期增加了牧草生产成本，同样需要给予政策支持。水电费波动较大，主要是由于中国苜蓿生产多在干旱少雨的西北，受气候降水影响较大。

2. 苜蓿产量有较快增长，但价格和成本收益率出现一定程度下降

苜蓿产量大幅度增加是苜蓿生产总收益和纯收益上升的主要原因。由表 2 可知，2021 年苜蓿单位产量显著增加，由 2020 年 660.17 千克/亩增加到 771.49 千克/亩，增长了 16.86%。但单位价格相比略有下降，由 2020 年 2.04 元/千克下降到 2021 年的 1.93 元/千克，降低了 5.39%。总收益由 2020 年 1,343.52 元/亩增加到 2021 年 1,488.98 元/亩，增长了 10.83%。纯收益则由 2020 年的 717.84 元/亩减少到 2021 年的 692.58 元/亩，主要是由于苜蓿生产成本显著增加的同时价格下降，使得纯收益相对总收益增长较低，导致成本利润率相对于 2020 年显著下降。由此可知，在当前阶段除继续加大科技投入等增加苜蓿单位产量外，降低苜蓿生产成本费用同样是提高苜蓿生产收益的重要方面。一方面，可以通过更加精细化管理来降低经营成本；另一方面，可以通过合理配置生产要素来降低生产资料成本。

表 2　　　　　　　　　　苜蓿生产收益变化情况

年份	单位产量（千克/亩）	单位价格（元/千克）	总收益（元/亩）	纯收益（元/亩）	成本利润率（%）
2014	618.89	1.95	1,206.84	614.93	103.89
2015	609.94	1.80	1,088.98	474.34	77.17

年份	单位产量 （千克/亩）	单位价格 （元/千克）	总收益 （元/亩）	纯收益 （元/亩）	成本利润率 （%）
2016	677.59	1.67	1,131.58	472.94	71.81
2017	604.88	1.62	979.91	344.10	54.12
2018	626.47	1.83	1,146.44	569.40	98.68
2019	662.27	1.91	1,264.95	605.79	91.90
2020	660.17	2.04	1,343.52	717.84	114.73
2021	771.49	1.93	1,488.98	692.58	86.96
均值	653.96	1.84	1,206.40	561.49	87.41

注：单位产量和单位价格以种植面积为权重求其均值，单位产量为苜蓿干重产量。

　　总体来看，不同年份苜蓿的单位价格、总收益和纯收益变化较大。2014～2021 年，苜蓿单位价格、总收益、纯收益都经历一个先降低后回升的趋势，整体上呈现"V"型的变化特征。苜蓿单位价格、总收益和纯收益都在 2017 年降低到最低水平，分别为 1.62 元/千克、979.91 元/亩和 344.10 元/亩，之后开始迅速回升，到 2021 年增加到 1.93 元/千克、1,488.98 元/亩和 692.58 元/亩，分别增长了 19.13%、51.95% 和 101.27%。虽然 2021 年苜蓿单位产量达到 2014 年以来最大值，在单位产量增长幅度小于价格降低幅度的情况下，使得总收益达到近年来最高水平，但由于成本较快增长，纯收益和收益率则低于 2020 年。从单位产量来看，单位产量在 2021 年达到最大值，近年来呈现波动上升的趋势。一方面是由于管理和技术的进步，另一方面是由于种植土地得到一定程度改善（苜蓿本身也可以改良土地）。相对于单位产量来说单位价格的波动幅度加大，单位价格也是影响收益的主要原因。一方面，由于美国是中国苜蓿主要进口来源国，近年来中美贸易战之后，苜蓿市场不确定性增强，进口苜蓿市场价格不断提升，推动着国产苜蓿市场价格持续上涨；另一方面，由于 2021 年苜蓿收获季节雨水频发，导致质量等级下降明显，价格出现一定程度下降。

（二）青贮玉米成本收益变化情况分析

1. 青贮玉米生产成本明显增加，除人工费外各项生产资料均有所增加

青贮玉米是中国"粮改饲"试点政策引导种植的主要品种，其成本收益变化情况对中国农业种植结构调整具有重要影响。通过表3可知，2021年青贮玉米种植总成本由2020年的750.24元/亩增加到2021年的855.9元/亩，增加了105.66元/亩，成本增长了14.08%。从分项成本来看，2021年人工费比2020年略有下降，每亩减少了4.51元；种子费、肥料费、水电费、机械费、租地费和其他费用均有所增加，分别从2020年的50.07元/亩、134.03元/亩、37.31元/亩、146.86元/亩、284.84元/亩、17.19元/亩，增加到2021年的52.66元/亩、185.7元/亩、47.17元/亩、180.61元/亩、293.82元/亩、20.5元/亩。其中肥料费用增长最为显著，2021年比2020年增长了38.55%。从成本结构来看，肥料费在总成本占比首次超过机械费，主要是由于2021年大宗商品价格包括肥料周期性大幅上涨所致。租地费和机械费在总成本占比仍然占据较大比重，因此为了提高生产效益，规模化和机械化同样是青贮玉米产业未来的发展方向，土地和机械将是制约青贮玉米产业现代化发展的关键因素。

表3　　　　青贮玉米各项成本费用情况　　　　单位：元/亩

年份	种子费	人工费	肥料费	水电费	机械费	租地费	其他费用	总费用
2014	57.15	143.20	131.79	53.20	134.68	310.74	34.96	865.72
2015	51.55	72.42	149.75	58.55	174.37	398.76	37.27	942.67
2016	50.32	153.18	129.20	34.97	149.35	388.76	46.43	952.21
2017	46.52	94.27	126.57	27.23	162.91	251.55	44.89	753.94
2018	48.78	81.64	139.52	26.70	151.28	294.28	47.91	790.11
2019	55.49	141.41	162.15	40.52	172.77	207.46	28.51	828.31
2020	50.07	79.95	134.03	37.31	146.86	284.83	17.19	750.24
2021	52.66	75.44	185.7	47.17	180.61	293.82	20.5	855.9
均值	51.57	105.19	144.84	43.21	159.10	303.78	34.71	842.39

注：各项费用均以种植面积为权重求其均值。

　　总体来看，2014～2021 年青贮玉米生产总费用一直呈现波动的状态。其中种子费用变化相对不大，虽然在 2021 年种子价格比 2020 年有所上涨，但是近年来国家对种子重视程度日益提升，未来持续上升的可能性不大。人工费用波动幅度程度较为明显，在 2016 年达到最大值后回落，但在 2019 年有较大幅度回升后 2020 年又大幅下降。肥料费在 2019 年之前整体上呈现波动增长的态势，由 2014 年的 131.79 元/亩增加到 2019 年的162.15 元/亩，增长了 23.04%，但这种增长趋势在 2020 年出现转折后，2021 年肥料费比 2020 年又出现大幅上涨的情况。水电费主要受到当年气候影响不断波动。机械费用整体上呈现波动上升趋势，虽然在 2020 年出现一定程度下降，但在 2021 年上升到最高值。租地费变化幅度较大且在2020 年之前有下降的趋势，但 2020 年和 2021 年租地费又比 2019 年出现明显增加。从成本结构来看，青贮玉米生产总成本中租地费、机械费和肥料费占比较高，总成本变化趋势与机械费和肥料费变化相似，同样表现出不断波动的特征，说明机械投入和肥料对总成本影响较大，扶持政策应该向机械和肥料进行倾斜。

　　2. 青贮玉米价格、收益和成本利润率明显提高，但产量略有下降

　　由表 4 可知，青贮玉米种植纯收益在 2021 年比 2020 年每亩增加210.29 元，纯收益比 2020 年增长了 36.4%，成本利润率也由 2020 年的78.04% 提高到 2021 年的 92.06%。通过分析可知，2021 年比 2020 年纯收益和收益率明显增长主要受青贮玉米单位价格大幅增长所致。2021 年青贮玉米单位价格比 2020 年增长了 34.09%，而青贮玉米价格显著上升主要是由于籽粒玉米价格大幅上升带动的影响。虽然 2021 年青贮玉米单位产量也出现一定程度的下降，由 2020 年的 2,968.31 千克/亩下降到 2021 年的2,786.23 千克/亩，下降了 6.13%，但相对于单位产量下降的幅度来说，单位价格增长的幅度比单位产量下降的幅度更大，同时由表 3 可知，虽总费用 2021 年比 2020 年也有所增加，但增长幅度也远小于价格增长，使得2021 年纯收益和收益率比 2020 年均有明显增长。由此可知，2021 年青贮玉米总收益和纯收益均比 2020 年上升的核心因素是单位产品价格上升推动的。

表4　　　　　　　　　　青贮玉米生产收益变化情况

年份	单位产量 （千克/亩）	单位价格 （元/千克）	总收益 （元/亩）	纯收益 （元/亩）	成本利润率 （%）
2014	3,574.43	0.34	1,208.16	342.44	39.56
2015	3,473.10	0.35	1,222.53	279.86	29.69
2016	3,816.06	0.35	1,320.36	368.15	38.66
2017	3,820.26	0.33	1,245.40	491.46	65.19
2018	3,717.40	0.34	1,245.33	455.22	57.61
2019	3,664.62	0.35	1,270.33	462.02	57.16
2020	2,968.31	0.44	1,317.93	577.69	78.04
2021	2,786.23	0.59	1,643.88	787.98	92.06
均值	3,477.55	0.39	1,309.24	470.60	57.25

注：单位产量和单位价格以种植面积为权重求其均值，单位产量为青贮玉米鲜重产量。

从2014～2021年青贮玉米种植收益变化来看，青贮玉米纯收益波动较大，但整体上仍呈现波动上升的趋势。青贮玉米单位产量总体上表现为先增后降的趋势，2021年比2014年下降了22.05%，主要是由于涝灾所致。2020年之前青贮玉米单位市场价格变化不大相对稳定，单位价格维持在0.33～0.35元/千克，仅有6.06%的变化幅度，但2020年出现显著提高，2021年比2020年价格又进一步提高，使得种植收益得到显著改善。总体来看，青贮玉米种植纯收益呈现波动上升趋势。2015年纯收益较低，每亩仅279.86元，之后逐渐增加，2021年达到近年来最高的787.98元/亩。由此可知，青贮玉米成本利润率变化趋势以及取得极值的年份与纯收益基本相同，在价格相对稳定的情况下，提高产量和降低成本是提高青贮玉米收益的主要途径。另外，要时刻关注青贮玉米价格变化，近年来价格变动逐渐成为影响青贮玉米生产的核心因素。

（三）黑麦草成本收益变化情况分析

1. 黑麦草生产成本略有下降，其中人工和肥料费下降明显

通过表5可知，2021年黑麦草生产总费用比2020年略有下降，每亩

总费用下降了 17.18 元，降低了 1.19%。从分项费用来看，2021 年黑麦草种子费比 2020 年每亩增加 7.94 元，增长了 21.1%，系种子价格上升导致；由于机械费用增加导致人工费有所下降，肥料价格上涨使用农家肥比例上升等多种因素影响导致肥料费下降；2021 年雨水充足水电费也有所降低，人工费、肥料费和水电费比 2020 年均有所下降，每亩分别减少 28.02元、24.03 元和 0.32 元，分别降低了 5.13%、21.21% 和 5.94%；机械费和租地费略有增加，每亩分别增加了 16.24 元和 3.71 元，分别增长了16.08% 和 0.59%。从成本结构来看，租地费和人工费均值在总费用中占比最高，分别达到 48.36% 和 31.58%，这主要与黑麦草种植在南方地区小块土地有关，南方地区水热条件好地租普遍比北方相对要高；另外黑麦草种植不便于大规模机械化生产导致人工费用较高。从 2014~2021 年成本费用总体变化来看，除肥料费外近三年来各项费用均呈现波动增加的趋势。

表5 　　　　　　　　　　　**黑麦草各项成本费用情况** 　　　　　　　单位：元/亩

年份	种子费	人工费	肥料费	水电费	机械费	租地费	其他费用	总费用
2014	45.54	595.04	170.74	15.46	90.13	725.58	13.96	1,656.45
2015	45.43	435.89	143.82	31.66	84.52	764.03	10.15	1,515.50
2016	36.76	467.19	151.09	14.02	121.38	838.52	14.71	1,643.67
2017	37.07	460.25	142.58	13.92	121.79	837.94	11.28	1,624.83
2018	36.56	438.44	145.28	13.31	123.82	811.10	12.30	1,580.81
2019	35.26	437.27	117.98	6.36	119.78	728.85	10.05	1,455.55
2020	37.62	546.33	112.76	5.39	100.99	629.60	9.28	1,441.97
2021	45.56	518.31	88.73	5.07	117.23	633.31	16.58	1,424.79
均值	39.98	487.34	134.12	13.15	109.96	746.12	12.29	1,542.95

注：各项费用以种植面积为权重求其均值。

2. 黑麦草生产收益出现回升，但近三年单位产量持续下降

由表6 可知，2021 年黑麦草总收益和纯收益比 2020 年均有所增加，每亩分别增加了 140.98 元和 158.16 元，分别增长了 6.49% 和 21.61%。

虽然 2021 年黑麦草单位产量有所下降，降到 2014 年以来的最低点，由最高的 8,528.14 千克/亩下降到 2021 年的 7,014.2 千克/亩，降低了 17.75%。但单位价格上升幅度显著，由最低的 0.23 元/千克增加到 0.33 元/千克，增长了 43.48%，成为黑麦草收益增加的主要原因。由于 2021 年总成本比 2020 年有所下降，综合导致 2021 年黑麦草纯收益比 2020 年出现较快增长，2021 年黑麦草不论是总收益和还是纯收益均有所增加。总体来看，2014～2021 年黑麦草的总收益呈不断波动变化状态，不同年份纯收益波动变化情况尤其明显。综上可知，黑麦草总收益、纯收益和成本利润率变化趋势基本相同。相对于总成本的变化，总收益和纯收益受到单位价格和单位产量变化的影响，其中近年来单位价格成为决定收益的最主要因素。

表6　　　　　　　　　黑麦草生产收益变化情况

年份	单位产量（千克/亩）	单位价格（元/千克）	总收益（元/亩）	纯收益（元/亩）	成本利润率（%）
2014	8,785.16	0.26	2,257.79	601.34	36.30
2015	7,923.80	0.24	1,909.64	394.14	26.01
2016	8,528.14	0.24	2,046.75	403.08	24.52
2017	8,484.24	0.24	2,061.67	436.84	26.89
2018	8,509.46	0.23	1,965.69	384.88	24.35
2019	8,118.49	0.28	2,278.21	822.66	56.52
2020	7,495.55	0.29	2,173.71	731.74	50.75
2021	7,014.2	0.33	2,314.69	889.9	62.5
均值	8,107.38	0.26	2,126.02	583.07	38.48

注：单位产量和单位价格以种植面积为权重求其均值，单位产量为黑麦草鲜重产量。

（四）燕麦草成本收益变化情况分析

1. 燕麦草生产成本下降明显，其中人工费、水电费和租地费显著下降

由表7可知，2021 年燕麦草生产总成本比 2020 出现明显下降，每亩总费用下降了 81.14 元，降低了 14.55%。通过各项费用来看，除肥料费

稍微上涨外，其他各项费用均有所下降。其中，人工费、水电费和租地费出现显著下降，分别降低了 34.22%、51.88% 和 22.46%。随着机械化和规模化水平提高，劳动力需求越来越少，使得人工费下降明显；今年北方雨水充足，导致水电费下降较多。从成本结构来看，只有机械和租地费超过了 100 元/亩，成为影响燕麦草成本占比的主要因素，今年分别达到了 25.34% 和 29.24%。而租地费下降明显，也成为导致今年成本下降的主要原因之一。从 2014~2021 年费用总体变化趋势来看，总费用和机械费用呈现先增后降的特征，人工费一直呈现波动下降的趋势。

表7　　　　　　　　　燕麦草各项成本费用情况　　　　　　单位：元/亩

年份	种子费	人工费	肥料费	水电费	机械费	租地费	其他费用	总费用
2014	64.6	97.10	97.17	40.27	112.09	55.65	2.71	469.59
2015	87.62	70.63	102.58	31.96	139.34	112.41	22.86	567.4
2016	78.67	81.05	78.08	37.47	148.54	228.47	3.06	655.34
2017	61.7	78.33	98.02	58.96	144.63	125.77	2.56	569.97
2018	62.99	58.89	89.65	45.61	131.56	162.78	16.32	567.8
2019	65.48	65.31	97.59	38.62	122.29	166.76	35.21	591.26
2020	69.8	55.61	86.46	26.64	125.76	179.74	13.84	557.85
2021	68.65	36.58	86.64	12.82	120.79	139.37	11.86	476.71
均值	69.94	67.94	92.02	36.54	130.63	146.37	13.55	556.99

注：各项费用以种植面积为权重求其均值。

2. 燕麦草生产收益大幅增加，价格和收益率出现显著提高

由表8可知，燕麦草种植纯收益在 2021 年同比大幅增加 378.67 元/亩，纯收益比 2020 年增长高达 586.51%，成本利润率也由 2020 年的 11.58% 提高到 2021 年的 93%。分析可知，量价齐升是导致收益大幅增长的主要原因。2021 年燕麦草产量同比增长 6.34%，价格增长幅度尤其明显，由 2020 年的 1.41 元/千克提高到 2021 年的 1.96 元/千克，同比增长了 39%，单位价格为历年来最高。在生产成本降低的同时，使得 2021 年燕

麦草收益得到大幅增长。2021 年燕麦草价格上涨较多的主要原因是市场供应较为紧张，一是羊草大幅度减少导致一部分低端燕麦草被羊草的企业用掉了；二是很多大的草业公司的储备草没有售卖。总体来说，供应是相对充足的，目前运费在涨，预计燕麦草价格还会在高位震荡。总体来看，燕麦草总收益和纯收益呈现较为明显的先降后升的特点，不同年份之间收益差距变化悬殊，尤其是价格变动较大，成为影响燕麦草收益的主要因素之一。

表 8 　　　　　　　　　**燕麦草生产收益变化情况**

年份	单位产量（千克/亩）	单位价格（元/千克）	总收益（元/亩）	纯收益（元/亩）	成本利润率（%）
2014	424.01	1.64	695.38	225.79	48.08
2015	583.90	1.45	846.66	279.26	49.22
2016	706.58	1.39	982.15	326.81	49.87
2017	495.68	1.30	644.38	74.41	13.06
2018	501.72	1.26	632.17	64.37	11.34
2019	451.43	1.38	622.97	31.71	5.36
2020	441.44	1.41	622.43	64.58	11.58
2021	469.42	1.96	920.06	443.35	93.00
均值	509.27	1.47	745.78	188.79	35.19

注：各年份的项目值均是以种植面积为权重求得的加权平均值。2014～2017 年样本量相对较少，容易受极端（极大）种植面积的影响，例如，2016 年单位产量比较大是由于内蒙古赤峰有一家企业种植面积高达 32,000 亩，其单位产量为 1,000 千克/亩，导致加权平均后产量为 706.58 千克/亩，显著高于其他年份，如果不考虑这家企业的影响，则单位产量 619 千克/亩，那么相关收益也受此影响，请读者自行考虑这两个值的选择。

二、主要牧草的成本收益比较分析

（一）主要牧草生产的成本比较

通过对不同牧草的生产成本进行比较，从而掌握不同牧草生产的要素投入情况。由图 1 结合表 1、表 3、表 5 和表 7 可知，2014～2021 年，黑麦草生产的总费用最高，青贮玉米次之，苜蓿的总费用第三，燕麦草总费用最低。2014～2021年，黑麦草总费用均值为1,542.95元/亩，其中租地费和人工费在总成本中占比最高；青贮玉米总成本均值为839.89元/亩，其中租地费和机械费在总成本中占比最高；苜蓿总成本均值为643.72元/亩，其中租地费和机械费在中成本中占比最高；燕麦草总成本均值为556.99元/亩。由此可知，租地费作为土地投入共同构成牧草生产的主要成本，除租地费以外，黑麦草需要更多的人工投入，青贮玉米和苜蓿则需要更多的机械需求。因此，在牧草生产中应该选择租地费和人工费相对较低且机械社会化服务水平较高的地区，从而可以获得更高的收益。

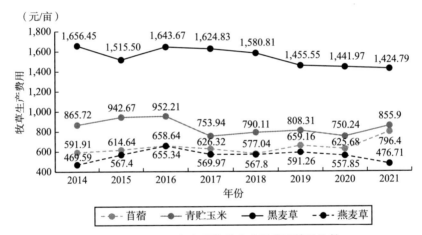

图1　2014～2021年主要牧草生产的费用情况比较

（二）主要牧草收益的比较

纯收益对农业生产者的生产决策行为具有决定性因素，是生产者对生产效益判断的重要依据。由图2结合表2、表4、表6和表8可知，2014～2021年，四种牧草的纯收益不断发生变化，其中苜蓿成本收益率均值排在第一位，成本收益率均值为87%，纯收益均值为561.49元/亩，排在第二；黑麦草纯收益均值和成本收益率分别排在第一和第三，分别为583.07元/亩和38%；青贮玉米纯收益均值和收益率均值分别排在第三和第二，分别为470.60元/亩和57%，燕麦草纯收益和收益率排在最后，均值分别为188.79

元/亩和35%。综上可知，苜蓿不论是纯收益还是成本收益都较高，是牧草生产者较好的选择；黑麦草纯收益略低于苜蓿，其生长条件适于长江流域以南的地区，生产费用要求较高，使得成本利润率低于其他两种牧草；青贮玉米适于中国绝大多数地区种植，虽然纯收益略低于黑麦草和苜蓿，但生产在中国大部分一年两熟的地区，通过和其他作物轮作，也可以获得更高的收益。燕麦草由于价格不稳定且收益相对较低，一般在北方作为倒茬时种植。

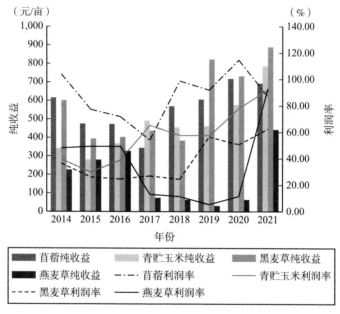

图2　2014~2021年主要牧草的收益情况比较

三、结论与政策建议

（一）研究结论

1. 2021年青贮玉米和黑麦草成本收益率出现明显增长，而苜蓿成本收益率明显下降

从成本角度来看，2021年苜蓿和青贮玉米种植成本分别上升了27.29%和14.08%，主要是大部分生产资料费用增加所致；而黑麦草种植费用略

有下降，除种子和机械费用外各项成本略有减少；燕麦草除肥料外各项费用均有所下降。从收益角度来看，苜蓿生产纯收益比 2020 年下降 3.52%，主要是原因是单位产品价格下降和费用增加；青贮玉米生产纯收益增长 36.4%，虽产量略有下降，但价格上升幅度远高于产量下降；黑麦草纯收益比去年上升 21.61%，原因和青贮玉米情况基本相同；燕麦草纯收益增长高达 586.51%，主要得益于"量价齐升"。从市场价格来看，2021 年苜蓿价格比 2020 年下降 5.39%，主要原因是收获时雨季频发导致质量下降；青贮玉米单位价格比去年增长高达 34.09%，主要受籽粒玉米价格带动的影响；黑麦草单位价格比去年也有较快增长，每单位价格增长了 13.79%；燕麦草价格同比增长 39%，幅度最大。

2. 黑麦草生产的总费用最高，青贮玉米次之，苜蓿的总费用最低

2014~2021 年，黑麦草总费用均值为 1,542.95 元/亩，青贮玉米总成本均值为 839.89 元/亩，苜蓿总成本均值为 643.72 元/亩，燕麦草总成本均值为 556.99 元/亩。租地费作为土地投入共同构成牧草生产的主要成本。除租地费以外，黑麦草需要更多的人工投入，青贮玉米和苜蓿则需要更多的机械需求。三种牧草的纯收益不断发生变化，其中苜蓿纯成本收益率排在第一，黑麦草收益均值和成本收益率均值分别排在第一和第三，青贮玉米纯收益均值和成本收益率均值分别排在第三和第二，燕麦草纯收益均值和成本收益率均排在最后。综上可知，苜蓿不论是纯收益还是成本收益率都较高，是牧草生产者较好的选择；黑麦草纯收益略低于苜蓿，其生长条件适于长江流域以南的地区，生产费用要求较高，使得成本利润率低于其他两种牧草；青贮玉米适于中国绝大多数地区种植，虽然纯收益大部分年份低于黑麦草和苜蓿，但生产在中国大部分一年两熟的地区，通过和其他作物轮作，也可以获得更高的收益。

（二）政策建议

1. 优化牧草产业生产要素投入机制，稳定生产资料价格，提高牧草生产效率

研究结果表明，牧草种植在土地、机械、人工等要素投入方面依旧面

临诸多问题与挑战。为降低土地成本在牧草生产总成本中的比例，可以通过科学推动牧草适度规模生产，提高规模效益，提升牧草生产效率；建立科学合理、机动灵活的牧草生产用地制度，切实解决"与粮争地"用地难题。为了降低机械费用在牧草生产总成本中比例，从多方面健全牧草生产社会化服务体系，大力推广机械社会化服务，对经营牧草农机社会服务的市场主体给予政策性补贴，鼓励和支持其发展，从而促进牧草生产效率的提高；扶持政策优先向先进机械研发推广方向倾斜，加大适合山地丘陵等地形条件的牧草机械的研发与推广支持力度。为降低人工成本在总成本中的比例，要加大牧草经营者的培训支持力度，创新技术服务机制与模式；鼓励和支持高校毕业生、大学生村官、农业科技人员等进入牧草产业，积极培养"懂草爱草"的新型职业"牧草人"。

2. 因地制宜选择牧草种类，优化牧草生产区域布局

由于资源要素禀赋的差异，不同省区优势牧草生产种类并不相同。不同省（区、市）要根据本地区的生产条件特点选择具有比较优势的牧草生产种类，从而提高牧草生产收益。对苜蓿生产来说，要继续巩固和扩大内蒙古通辽和赤峰地区、甘肃河西走廊和宁夏河套灌区等集中连片的优质苜蓿种植基地的建设，并适当调减其他非优势产区苜蓿的生产。就青贮玉米来说，要避免全局摊开和一拥而上，要重点布局在畜牧业基础较好且生产效率高的东北和西北地区，山东和河北等东部地区青贮玉米的生产都不具有优势，没有生产补贴的地区种植积极性并不高。因此，要适当调整非优势产区牧草的生产规模，进一步鼓励牧草向经济效益好的优势产区布局，向草食畜牧业发展较好的区域布局，从而更好地发挥产业集聚效应，促进草牧业一体化发展。

3. 提升牧草绿色低碳产业和草食畜牧业安全生产的战略地位，完善牧草产业政策支持体系

建议重新定位牧草产业发展战略地位，将牧草产业从小农业结构调整提升至大农业结构调整中，将牧草产业提升为中国农业绿色低碳可持续发展的纽带产业，推进牧草产业发展成为战略型新兴绿色低碳产业，并享受粮食等其他作物同等政策优惠，尤其是在牧草生产保险方面需要政策大力

支持。在推进"稳粮、优经、改饲、扩草"的基础上，着力转变传统农业生产发展观念，确立牧草产业是大农业中协调发展农业生产系统必不可少的一环，制定牧草产业与种植业协同推进的政策支持体系，助推牧草产业现代化发展。另外，中国牧草生产效益不稳定，迫切需要完善的政策支持体系，稳定经营者市场预期，提升牧草生产积极性，推动牧草产业持续稳定发展。建议整合中央和地方政府力量，建立健全长期稳定的牧草产业政策支持体系，完善资金投入机制，加大资金投入力度。

中国牧草产业全要素生产率变化分析（2021）

倪印锋　王明利

一、引言

2015～2017 年，中央一号文件连续三年提出要推进农业结构调整，支持青贮玉米和紫花苜蓿等饲草料种植，促进粮食、经济作物、饲草料三元种植结构协调发展。2019 年中央一号文件《中共中央 国务院关于坚持农业农村优先发展做好"三农"工作的若干意见》又提出要调整优化农业结构，合理调整粮经饲三元种植结构，发展青贮玉米和紫花苜蓿等优质饲草料生产。2020 年中央一号文件《中共中央 国务院关于抓好"三农"领域重点工作确保如期实现全面小康的意见》提出要以北方农牧交错带为重点扩大粮改饲规模。2021 年中央一号文件《中共中央 国务院关于全面推进乡村振兴加快农业农村现代化的意见》提出深入推进农业结构调整，鼓励发展青贮玉米等优质饲草饲料。基于上述背景可知，农业结构调整和发展牧草产业势在必行。但是受到诸多因素的影响，中国牧草产业起步较晚仍处于发展的初级阶段，生产各环节技术水平不高导致生产技术效率与发达国家相比有不少的差距。在农业资源紧缺、保证粮食安全和国外牧草产品激烈竞争的多重压力下，中国牧草产业全要素生产率是否还有提升空间？如何推动牧草产业全要素生产率提高？发展牧草产业是否有助于推动农业绿色低碳发展？这些问题的科学回答有利于增强牧草产品国际竞争力和推动牧草产业快速健康发展，对促进奶业振兴、草食畜牧业转型升级和农业结构优化调整和农业绿色低碳发展具有重要现实意义。

当前，国内外学者研究农业全要素生产率的对象多集中在水稻、小麦和玉米等粮食作物以及棉花等经济作物，仅有极少部分学者对牧草生产的全要素生产率进行研究。现有的关于牧草生产效率的文献主要集中在苜蓿和黑麦草技术效率及科技进步贡献测算等方面，刘玉凤等（2014）对苜蓿生产技术效率进行了测度，研究发现苜蓿生产技术效率较高，技术效率在2013 年达到 0.89，其中科技进步贡献份额达到 0.49。王文信等（2016）通过对河北省黄骅市苜蓿种植户的调查，利用 DEA 方法测算出农户种植苜蓿的技术效率和规模效率分别达到 0.77 和 0.78，研究认为当地苜蓿生产尚处粗放阶段。王丽佳（2017）通过对民勤县的农户调研，研究发现当地苜蓿种植的成本效率仅有 0.53，而规模效率则高达 0.87，并对影响牧草效率的影响因素进行了研究。石自忠（2019）对中国牧草产业全要素生产率进行了测算。倪印锋（2020）对不同地区和生产规模下青贮玉米生产技术效率进行了分析。由于测算方法和数据的差异导致测算得出的技术效率差异很大，缺乏针对牧草生产技术效率的系统测算，更是很少涉及产业全要素生产率的测算。因此，对牧草产业的全要素生产率展开研究可以填补当前研究的不足，具有重要现实指导意义。基于此，本文基于 2014～2021 年国家牧草产业技术体系产业经济研究室跟踪的苜蓿、青贮玉米和黑麦草微观数据，借助 malmquist 指数和 DEA 面板模型测定牧草产业全要素生产率，剖析全要素生产率变化的内在机理，最后提出政策建议供政策和生产决策参考。

二、研究方法与数据说明

（一）研究方法

为系统考察中国牧草产业全要素生产率，本文拟采用 malmquist 指数和随机前沿模型进行实证分析。两者为测定全要素生产率的经典方法，在测定农业全要素生产率方面得到广泛运用（全炯振，2009；王珏等，2010；张乐、曹静，2013）。

1. malmquist 指数

malmquist 指数专门用于测定全要素生产率变化，并可将全要素生产率变化分解为技术变化和技术效率变化。卡维斯等（Caves et al., 1982）基于产出距离函数针对产出角度的第 t 期和第 $t+1$ 期的 malmquist 生产率指数进行定义，如式（1）和式（2）所示：

$$M_0^t = \frac{D_0^t(x_{t+1}, y_{t+1})}{D_0^t(x_t, y_t)} \tag{1}$$

$$M_0^{t+1} = \frac{D_0^{t+1}(x_{t+1}, y_{t+1})}{D_0^{t+1}(x_t, y_t)} \tag{2}$$

其中，$D_0^t(x_t, y_t)$ 代表以第 t 期的技术表示的当期技术效率水平，$D_0^t(x_{t+1}, y_{t+1})$ 代表以第 t 期的技术表示（即以第 t 期的数据为参考集）的第 $t+1$ 期技术效率水平；$D_0^{t+1}(x_t, y_t)$ 代表以第 $t+1$ 期的技术表示第 t 期的技术效率水平，$D_0^{t+1}(x_{t+1}, y_{t+1})$ 代表以第 $t+1$ 期的技术表示（即以第 $t+1$ 期的数据为参考集）的当期技术效率水平。基于上述两个时期的 malmquist 指数的几何平均值可计算得出产出的 malmquist 指数，如式（3）所示：

$$M_0(x_t, y_t, x_{x+1}, y_{t+1}) = \left[\frac{D_0^{t+1}(x_{t+1}, y_{t+1})}{D_0^{t+1}(x_t, y_t)} \times \frac{D_0^t(x_{t+1}, y_{t+1})}{D_0^t(x_t, y_t)} \right]^{\frac{1}{2}} \tag{3}$$

考虑生产率进步可能是技术效率变化与生产技术变化共同作用的结果，卡维斯等（Caves et al., 1982）和法勒等（Färe et al., 1994）将全要素生产率变化分解为技术变化和技术效率变化两部分，具体如式（4）所示：

$$M_0(x_t, y_t, x_{x+1}, y_{t+1}) = \frac{D_0^t(x_{t+1}, y_{t+1})}{D_0^t(x_t, y_t)} \left[\frac{D_0^t(x_{t+1}, y_{t+1})}{D_0^{t+1}(x_{t+1}, y_{t+1})} \times \frac{D_0^t(x_t, y_t)}{D_0^{t+1}(x_t, y_t)} \right]^{\frac{1}{2}}$$

$$= EC_t \times TC_t \tag{4}$$

其中，TC 表示技术变化指数，EC 则表示技术效率变化指数。

2. DEA 面板模型

通过 DEA 方法计算 MI 的基本思路为式（5）：

$$MI(t-1, t) = \frac{TFP(x_t, y_t)}{TFP(x_{t-1}, y_{t-1})} = \frac{TFP(x_i, y_t)/TFP(benchmark)}{TFP(x_{t-1}, y_{t-1})/TFP(benchmark)}$$

$$\tag{5}$$

$MI(t-1,t)$ 就转换为计算两个 DEA 效率值的比值，分子是 DMU 在 t 期的 DEA 效率值，分母是 DMU 在 $t-1$ 期的 DEA 效率值，但是这两个效率值的计算必须参比同一个前沿。分子和分母均以 $t-1$ 期的前沿作为参比，参比 $t-1$ 期前沿可以得出的 DEA 效率值，记为式（6）：

$$MI^{t-1}(t-1,t)=\frac{Score\_t-1(x\_t,\ y\_t)}{Score\_t-1(x\_t-1,\ y\_t-1)} \qquad (6)$$

malmquist 指数可以分解为技术效率变化和技术变化，法勒等（Färe et al.，1994）在上述分解方法的基础上，根据规模收益是否可变将 malmquist 指数（MI）进一步分解为三部分，即 $MI = PEC \times SEC \times TC$。索菲奥（$Zofio$，2007）在法勒等的基础上又进一步将 MI 分解为四部分，即 $MI = PEC \times SEC \times PTC \times STC$。其中，$PEC$ 为纯技术效率变化指数，SEC 为规模效率变化指数，PTC 为纯技术进步指数，STC 为规模技术进步指数。

（二）数据来源与说明

本文数据来源于 2014～2021 年国家牧草产业技术体系产业经济研究室的跟踪调研数据。由于各年度跟踪的数据及有效样本存在差异，在做到反映样本实际信息情况下，每年在各地区尽可能选择相同的样本数量进行测算。其中，苜蓿样本来自河北、黑龙江、吉林、内蒙古、宁夏、山西、陕西、新疆、甘肃等省（区），青贮玉米的样本主要来自宁夏、新疆、山东、河北、内蒙古、四川等省（区），黑麦草样本来自湖北、四川和云南等省份。数据处理时，剔除未填写单位产量、单位价格，以及存在相关数据异常的样本，最后得到各类作物的有效样本数量。根据苜蓿、青贮玉米和黑麦草生产投入产出的过程，在运用 MaxDEA 软件测算中我们选取每亩苜蓿干草产值、青贮玉米鲜重产值、黑麦草鲜重产值作为产出指标；选取每亩劳动力投入、每亩肥料费每亩租地费用、每亩机械费和每亩其他物质费用等作为投入指标。

三、实证结果与分析

（一）苜蓿生产的 malmquist 指数变化及其分解

根据面板 DEA 模型可以测算得出 2014～2021 年中国苜蓿生产的 malmquist 全要素生产率指数情况。由表 1 可知，整体来看，2014～2021 年苜蓿生产的全要素生产率整体上呈进步趋势，2020～2021 年苜蓿生产全要素生产率增长了 9.89%，增长情况比 2019～2020 年略有增加。从各分项年均增长率可知，2014～2021 年苜蓿生产的全要素生产率年均增长仅有 1.54%，纯效率变化年均增长 -2.63%，纯技术进步年均增长 4.29%，规模效率变化年均增长 -0.18%，规模技术进步年均增长 0.18%，纯技术进步年均增长最高。从各项均值可知，纯技术进步和规模效率提高是 2014～2021 年苜蓿生产全要素生产率指数增长的主要动力，但是 2014～2021 年年均规模效率变化并没有呈现正的增长。纯效率变化和规模技术进步下降是阻碍全要素生产率增长的重要因素。因此，为促进全要素生产率水平的提高必须进一步加强规模技术进步的工作，对种植面积较大的苜蓿种植户进行跟踪专业指导，着力解决规模效率和规模技术进步下降的问题。

表 1　　　苜蓿生产的 **malmquist** 指数及其分解情况

年份	*MI*	*PEC*	*PTC*	*SEC*	*STC*
2014～2015	0.9877	0.9840	0.9953	1.0483	0.9621
2015～2016	1.1769	1.0311	1.0786	1.0759	0.9837
2016～2017	0.9302	1.0112	1.0184	0.9068	0.9960
2017～2018	1.0503	0.9913	1.0346	1.0057	1.0183
2018～2019	1.1143	1.0728	0.9777	1.1250	0.9444
2019～2020	1.0716	1.0123	1.0265	1.0320	0.9993

年份	MI	PEC	PTC	SEC	STC
2020~2021	1.0989	0.8163	1.3353	1.0350	0.9740
年均增长	0.0154	−0.0263	0.0429	−0.0018	0.0018
均值	1.0614	0.9884	1.0666	1.0327	0.9825

注：MI 为 malmquist 全要素生产率指数，PEC 为纯效率变化，SEC 为规模效率变化，PTC 为纯技术进步，STC 为规模技术进步。

资料来源：根据 Maxdea 软件计算结果整理而得。

（二）青贮玉米生产的 malmquist 指数变化及其分解

由表 2 可知，2020~2021 年青贮玉米全要素生产率指数得到较快增长，全年增长了 15.14%，主要是由于青贮玉米价格大幅增长导致产出增加较多。整体来看，2014~2021 年青贮玉米生产的全要素生产率变化较大，2014~2021 年全要素生产率年均增长速度一般，仅有 2.48%。从各分项年均增长率可知，青贮玉米纯效率得到较快增长，年均增长 5.77%；纯技术进步和规模技术进步略有下降，年均分别增长 −1.64% 和 −1.93%；规模效率变化略有增长，年均增长 0.45%。其中纯效率变化年均增长率最高，说明纯技术效率在 2021 年比 2014 有显著提升。从各项均值可知，2014~2021 年纯效率提高和纯技术进步是青贮玉米全要素生产率增长的主要动力，但纯技术进步的年均增长为负，一定程度上说明了近年来纯技术进步下降较多。在各项指标中，仅有规模效率均值小于 1，说明规模效率成为阻碍青贮玉米全要素生产率增长的重要原因。因此，为促进青贮玉米全要素生产率水平的提高，一方面需要选择恰当的种植面积，另一方面要着力进行规模技术的应用和推广。

表 2　　　青贮玉米生产的 malmquist 指数及其分解情况

年份	MI	PEC	PTC	SEC	STC
2014~2015	0.9701	0.9270	1.0345	1.0295	0.9826
2015~2016	1.0678	1.0337	1.0226	1.0152	0.9950

年份	*MI*	*PEC*	*PTC*	*SEC*	*STC*
2016～2017	1.0979	1.0245	1.0380	0.9586	1.0771
2017～2018	0.9907	1.0063	1.0240	0.9451	1.0173
2018～2019	1.0132	1.0214	1.0095	0.9206	1.0674
2019～2020	0.9744	1.0006	0.9822	1.0725	0.9245
2020～2021	1.1514	1.3728	0.9212	1.0625	0.8570
年均增长	0.0248	0.0577	-0.0164	0.0045	-0.0193
均值	1.0379	1.0552	1.0046	1.0006	0.9887

注：*MI* 为 malmquist 全要素生产率指数，*PEC* 为纯效率变化，*SEC* 为规模效率变化，*PTC* 为纯技术进步，*STC* 为规模技术进步。

资料来源：根据 Maxdea 软件计算结果整理得到。

（三）黑麦草生产的 malmquist 指数变化及其分解

通过表 3 可以发现，2020～2021 年黑麦草全要素生产率增长了 2.02%，分析可知 2020 年黑麦草价格大幅上升是全要素生产率增长的主要原因。整体来看，2014～2021 年黑麦草生产的全要素生产率呈现不断波动变化趋势，2014～2021 年全要素生产率年均增长不明显，仅有 0.52%。从各分项年均增长率可知，2014～2021 年黑麦草纯效率出现下降，年均增长 -3.5%，主要是由于在 2020～2021 年出现大幅下降；纯技术进步增长较快，年均增长 3.16%，主要是由于 2020～2021 年出现大幅增长；规模效率增长速度一般，年均增长 1.78%；规模技术出现下滑，年均增长 -0.79%。不论是纯效率变化还是规模技术进步年均增长均为负值，说明黑麦草生产在 2021 年比 2014 年存在较为一定的纯效率和规模技术下降情况，纯技术进步成为黑麦草全要素生产率增长的主要动力。因此，为提高黑麦草全要素生产率需要注重先进技术的推广和应用。

表 3   黑麦草生产的 malmquist 指数及其分解情况

年份	MI	PEC	PTC	SEC	STC
2014～2015	0.9835	0.9982	1.0081	0.9183	1.0643
2015～2016	1.0567	0.9877	1.0366	0.9519	1.0843
2016～2017	1.0083	1.0353	0.9776	1.0071	0.9892
2017～2018	1.0245	0.9846	1.0133	1.0095	1.0171
2018～2019	1.0266	1.0254	1.0002	1.0545	0.9492
2019～2020	0.9857	1.1344	0.8979	1.0538	0.9183
2020～2021	1.0202	0.7779	1.2531	1.0393	1.0070
年均增长	0.0052	-0.0350	0.0316	0.0178	-0.0079
均值	1.0151	0.9919	1.0267	1.0049	1.0042

注：MI 为 malmquist 全要素生产率指数，PEC 为纯效率变化，SEC 为规模效率变化，PTC 为纯技术进步，STC 为规模技术进步。

资料来源：根据 Maxdea 软件计算结果整理而得。

四、主要牧草全要素生产率的影响因素分析

当前，中国主要牧草全要素生产效率仍存在巨大进步空间之处，迫切需要推进牧草生产全要素生产效率的提升。回顾中国牧草产业发展历史发现及近年来生产实际情况来看，影响中国牧草全要素生产效率提升的因素多种多样，但笔者认为关键因素主要有以下三个方面。

（一）生产规模与技术水平和要素投入水平不相适应

在上述分析中，我们发现不仅苜蓿生产的规模技术出现下降的问题，青贮玉米生产中更存在规模效率和规模技术双下降的问题。目前的技术水平下，牧草生产规模对全要素生产率影响显著，因此需要根据生产要素和生产管理等方面选择恰当的生产规模。一方面，从对主要省（区、市）牧草生产的调研可知，由于生产者受教育水平等原因，牧草种植规模与技术水平出现了一定偏差，在生产环节不能及时处理生产过程中出现的问题，导致生产效率较低。另一方面，由于当前牧草产业社会化服务体系不健

全，存在要素投入与生产规模不相匹配的情况。以首蓿为例，由于首蓿收获时间和天气情况对质量存在较大影响，使得小规模生产者如果购买机械导致生产成本过高效率低下，同时也存在大规模生产机械投入冗余的情况，这两种不匹配情况都成为阻碍全要素生产率的增长的重要原因。

（二）牧草生产的技术水平和管理水平仍存在较大进步空间

中国牧草生产技术滞后的直接原因是牧草产业起步较晚。美国等牧草产业发达国家产业起步早，具有较为完善的牧草生产技术体系。当前，中国牧草生产在良种化、机械化、标准化等方面还存在巨大提升空间。中国优质草种对外依赖度高，草种进口近年持续增长。但是，国外优质牧草品种往往不如国产牧草品种适应性强，多数生产者反映部分国外优质首蓿品种越冬较差、持续性不强，亟须培育出适应中国不同地区、不同气候条件下的优质国产牧草品种。生产经营者对牧草生产经营管理与技术的缺位，特别是在传统种养观念依旧突出、牧草生产得不到应有重视的宏观背景下，牧草生产效率的提升仍是社会迫切需要关注的问题。很多企业在种植牧草过程中，因管护不当，致使首蓿出苗率差，草地杂草丛生，产量不高，质量不够，甚至出现大面积死亡现象；部分规模生产者对首蓿品种认知和选择不到位，首蓿打捆技术选择不科学，首蓿市场定位不准确。

（三）国家牧草产业政策支持体系不健全

现有牧草产业支持政策可分为生态型政策和生产型政策。其中，生态型政策包括草原生态保护补助奖励政策，以及退牧还草、退耕还林还草、京津风沙源治理、西南岩溶地区石漠化综合治理等系列工程项目，该类政策旨在保护和恢复草原生态环境，间接推动牧草产业发展；生产型政策主要包括振兴奶业首蓿发展行动、"粮改饲"、南方现代草地畜牧业推进行动等，对牧草产业发展具有直接推动作用。从对陕西省高产优质首蓿示范建设项目调研情况看，项目申报条件为集中连片2,000亩以上，但目前流转2,000亩以上土地难度较大；部分地区项目建设资金被整合，无法发挥项目建设作用。且政策扶持没有统筹考虑地区性和主体差异性。就山东省

"粮改饲"调研情况看，当地普遍反映"粮改饲"政策补贴对象和力度有待优化，补贴力度有待进一步加强。总体来看，国家现有牧草产业补贴政策相对较少，政策实施过程中问题较多，对提高生产者尤其是小规模生产者及有条件的生产者参与牧草产业的积极性不大，这也在一定程度上影响着牧草产业生产效率的提升。

五、结论与启示

（一）结论

基于 2014～2021 年中国苜蓿、青贮玉米和黑麦草的微观调研数据，借助 malmquist 指数和 DEA 面板模型测定了牧草产业全要素生产率的变化情况，剖析全要素生产率变化内在影响机理，具体可得到如下研究结论：

由通过上述分析可以，2020～2021 年苜蓿、青贮玉米和黑麦草全要素生产率分别增长 9.89%、15.14% 和 2.02%；2014～2021 年苜蓿、青贮玉米和黑麦草全要素生产率年均分别增长 1.54%、2.48% 和 0.52%；由 2014～2021 年测算的均值结果表明，纯技术进步超过规模效率提高成为苜蓿全要素生产率增长的主要动力，青贮玉米全要素生产率增长由主要受纯技术进步推动变为纯效率提高推动，黑麦草全要素生产率增长的核心动力则由纯效率的提高变为纯技术进步的提升。由此可知，影响中国牧草产业全要素生产率提升的主要因素包括生产规模与技术水平和要素投入水平不相适应；牧草生产的技术水平和管理水平存在较大进步空间；国家牧草产业政策支持体系不健全。

（二）启示

根据上述研究结论，提出以下政策建议供决策参考。

一是适当调整牧草生产规模，促进全要素生产率水平的提高。在目前的技术水平下，结合以往的研究可知牧草生产规模对生产技术效率影响显著。就苜蓿而言，中等规模和大规模生产的纯技术效率和规模效率要高于小规模生产，要发挥中等规模和大规模生产的纯技术效率和规模效率优势，有条件的地区要适当扩大生产规模。就青贮玉米而言，中等生产规模纯技术效率和规模效率优势最为显著，规模收益递减的比例最低，生产规模过大同样会造成效率的损失。因此青贮玉米生产要适度规模经营，生产规模不宜过大或过小。

二是完善牧草技术支撑体系，提升牧草生产科技水平。目前中国牧草TFP的增长仍然主要依靠技术效率提高和技术进步，但中国牧草产业对国外科技依赖度较高，在牧草种子和机械方面表现尤为严重。未来要加大国家科技攻关等计划中对草种和机械的科研投入，加大育种、种植、加工以及全程机械化作业等关键技术的研发力度，注重先进技术的推广和应用。深化农业科技成果在牧草产业的转化和推广，完善生产科技研究推广体系，加强牧草产业提质增效技术成果的应用，发挥农业科技在牧草生产效率提高中的积极作用，促进牧草单位产量的提高。发挥国家牧草产业体系专家力量，注重对牧草生产者的培训，提高其生产技术和经营管理水平，增强其对先进技术应用能力。加强牧草科技人才培养工作，解决牧草产业人才培养严重不足的问题。通过借助现代化通信手段，采用多种方式对涉及牧草生产各关键环节的生产技术知识和技能进行培训。

三是加大政策支持力度，完善政策对牧草生产的支持内容。相对于大田作物和其他发达国家对牧草产业的支持来说，国家对牧草生产的支持补贴力度远远不足，应当在现有政策的基础上进一步增加牧草生产的支持，实行粮草同等补贴待遇，建立粮食与牧草相对平衡的农业补贴制度，避免为获得补贴而改变牧草种植品种导致效率损失；增加对生产各环节的补贴力度，刺激生产经营主体的积极性；增加对牧草社会化服务经营主体的补贴力度，促进牧草生产效率的提高。进一步完善当前政策补贴内容，当前"粮改饲"试点补贴主要针对青贮玉米，各地区适宜生产牧草品种略有差异，应增加对苜蓿、黑麦草等品种的补贴，鼓励地方政府根据本地区生产特点落实补贴政策。"振兴奶业苜蓿发展行动"补贴面积要求较高，可以根据不同地区生产情况，适当下调补贴面积标准，从而促进中小规模生产者生产积极性和生产效率的提高。

参 考 文 献

［1］李丹，王馨瑶，马丽. 美国牧草保险的发展与经验借鉴［J］. 世界林业研究，2022，35（1）：118－123.

［2］刘玉凤，王明利，石自忠，等. 我国苜蓿产业技术效率及科技进步贡献分析［J］. 草业科学，2014，31（10）：1990－1997.

［3］倪印锋，王明利. 不同地区和生产规模下青贮玉米生产技术效率分析［J］. 中国草地学报，2020，42（1）：68－75

［4］全炯振. 中国农业全要素生产率增长的实证分析：1978～2007 年——基于随机前沿分析（SFA）方法［J］. 中国农村经济，2009（9）：36－47.

［5］石自忠，王明利. 我国牧草产业全要素生产率［J］. 草业科学，2019，36（11）：2971－2979.

［6］汪武静，王明利. 我国西南地区黑麦草种植技术效率及科技进步贡献分析——以四川省为例［J］. 中国农业科技导报，2017，19（6）：21－28.

［7］王珏，宋文飞，韩先锋. 中国地区农业全要素生产率及其影响因素的空间计量分析——基于1992～2007 年省域空间面板数据［J］. 中国农村经济，2010（8）：24－35.

［8］王丽佳. 民勤县苜蓿生产效率的 DEA－Tobit 模型分析［J］. 草业科学，2017，34（2）：407－414.

［9］王文信，张志虹，孙乾晋. 农户苜蓿种植的规模效率分析——基于河北省黄骅市的实证分析［J］. 中国农业大学学报（社会科学版），2016，33（3）：42－49.

［10］武延琴，白贺兰，林慧龙. 甘肃省草产业生产效率实证研究干旱区资源与环境［J］. 干旱区资源与环境，2021，35（9）：143－150.

［11］张乐，曹静. 中国农业全要素生产率增长：配置效率变化的引入——基于随机前沿生产函数法的实证分析［J］. 中国农村经济，2013（3）：4－15.

［12］Caves D W, Christensen L R, Diwert W E. The economic theory of index numbers and the measurement of input, output and productivity［J］. Econometrica：Journal of the Econometric Society, 1982, 50：1393－1414.

［13］Färe R, Grosskopf S, Norris M, Zhang Z. Productivity growth, technical progress and efficiency changes in industrialized countries［J］. American Economic Review, 1994, 84（1）：66－83.

［14］Zofio J L. Malmquist productivity index decompositions：a unifying framework［J］. Applied Economics, 2007, 39（16）：2371－2387.

草产品贸易专题

2021 年主要牧草产品和草食畜产品贸易动态[*]

刘亚钊　王明利

2021 年，中国牧草产品进口总量为 204.52 万吨，同比增加 19%。其中：苜蓿干草进口 178.03 万吨，同比增加 31%；燕麦草进口 21.27 万吨，同比减少 36%；苜蓿粗粉及团粒进口 5.23 万吨，同比增加 84%。

2021 年，中国牧草种子进口 7.16 万吨，同比增加 17%。其中，黑麦草种子进口 3.40 万吨，同比减少 15%；羊茅子进口 2.09 万吨，同比增加 75%；草地早熟禾子进口 0.79 万吨，同比增加 159%；紫苜蓿子进口 0.52 万吨，同比增加 46%；三叶草子进口 0.36 万吨，同比增加 35%。

2021 年，中国草食畜产品继续维持大规模进口微量出口的贸易格局，其中，乳品进口 390.83 万吨，同比增加 19%，出口 4.57 万吨，同比增加 5%；牛肉进口 233.29 万吨，同比增加 10%，出口 13 吨，同比减少 79%；羊肉进口 41.07 万吨，同比增加 13%；出口 0.20 万吨，同比增加 15%。

---

* 数据说明：本文所使用的贸易数据均来自中华人民共和国海关总署海关统计，商品编码来自中华人民共和国海关总署官网海关统计商品目录（http://43.248.49.97），根据 HS2017 商品分类体系商品目录，我国进口的牧草产品主要包括紫苜蓿粗粉及团粒（商品编码 12141000）和其他草饲料（商品编码 12149000），由于我国进口的其他草饲料主要包括苜蓿干草和燕麦草，且目前燕麦草仅来自澳大利亚，因此本文在分析时将其他草饲料分解为苜蓿干草和燕麦草两种产品。我国进口的牧草种子主要包括紫苜蓿子（商品编码 12092100）、三叶草子（商品编码 12092200）、羊茅子（商品编码 12092300）、草地早熟禾子（商品编码 12092400）和黑麦草种子（商品编码 12092500）。

一、苜蓿干草进口量价齐升，进口规模创历史最高

2021 年 12 月，苜蓿干草进口 18.42 万吨，环比减少 11%，同比增加 53%；平均到岸价格 421 美元/吨，环比上涨 4%，同比上涨 18%（见图 1）。

2021 年 1~12 月，苜蓿干草进口 178.03 万吨，同比增加 31%，创历史最高；平均到岸价格 382 美元/吨，同比上涨 6%（见图 1）。1~12 月中国进口的苜蓿干草主要来自美国、南非、西班牙、意大利、加拿大及苏丹，其中从美国进口 143.43 万吨，占比 81%，比上个月减少 1 个百分点；从西班牙进口 22.73 万吨，占比 13%，比上个月增加 1 个百分点；从加拿大进口 4.67 万吨，占比 3%，与上个月基本持平；从南非进口 5.19 万吨，占比 3%，比上个月增加 1 个百分点；其余来自苏丹、意大利及阿根廷。

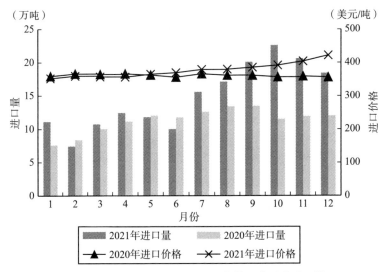

图 1　2020~2021 年 1~12 月中国苜蓿干草月度进口情况

资料来源：中华人民共和国海关总署海关统计。

二、澳大利亚燕麦草对中国出口断崖式下跌，进口价格高位运行

2021 年 12 月，燕麦草进口 1.77 万吨，环比增加 7%，同比减少 53%；平均到岸价格 379 美元/吨，环比上涨 2%，同比上涨 14%（见图 2）。

2021 年 1 ~ 12 月，燕麦草进口 21.27 万吨，同比减少 36%；平均到岸价格 343 美元/吨，同比下跌 1%（见图 2）。中国燕麦草全部来自澳大利亚，2021 年 2 月澳大利亚多家企业向我国出口燕麦草的许可证到期后未得到续期，致使澳大利亚燕麦草向我国出口量断崖式下跌，至今仍未完全恢复。

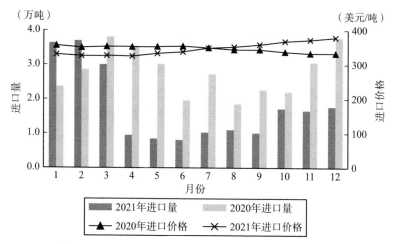

图 2　2020 ~ 2021 年 1 ~ 12 月中国燕麦草月度进口情况

资料来源：中华人民共和国海关总署海关统计。

三、苜蓿颗粒进口量大幅增加，进口价格平稳运行

2021 年 12 月，中国苜蓿粗粉及团粒进口 0.42 万吨，环比减少 39%，同比增加 38%；平均到岸价格 255 美元/吨，环比下跌 3%，同比上涨 2%（见图 3）。

2021 年 1~12 月，苜蓿粗粉及团粒进口 5.23 万吨，同比增加 84%；平均到岸价格 261 美元/吨，同比下跌 8%（见图 3）。1 - 12 月累计进口的苜蓿粗粉及团粒，90% 来自西班牙，7% 来自意大利，3% 来自哈萨克斯坦。

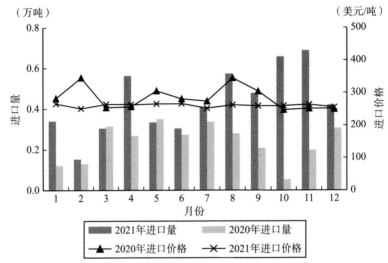

图 3　2020~2021 年 1~12 月中国苜蓿粗粉及团粒月度进口情况

资料来源：中华人民共和国海关总署海关统计。

四、牧草种子进口量价齐升，黑麦草种子占比下跌显著

2021 年 1~12 月，中国进口牧草种子 7.16 万吨，同比增加 17%。其中，黑麦草种子进口 3.40 万吨，同比减少 15%，平均到岸价格 1.60 美元/千克，同比上涨 23%。羊茅子进口 2.09 万吨，同比增加 75%，平均到岸价格 2.11 美元/千克，同比上涨 12%。草地早熟禾子进口 0.79 万吨，同比增加 159%，平均到岸价格 3.57 美元/千克，与去年基本持平。紫苜蓿子进口量为 0.52 万吨，同比增加 46%，平均到岸价格 3.76 美元/千克，同比上涨 35%。三叶草子进口 0.36 万吨，同比增加 35%，平均到岸价格 4.11 美元/千克，同比上涨 20%（见图 4 和图 5）。

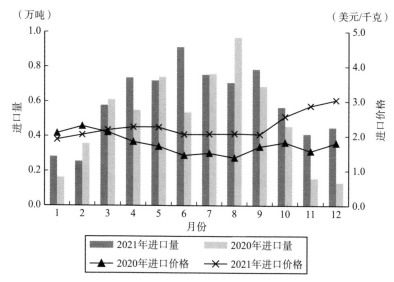

图 4 2020~2021 年 1~12 月我国草种子月度进口情况

资料来源：中华人民共和国海关总署海关统计。

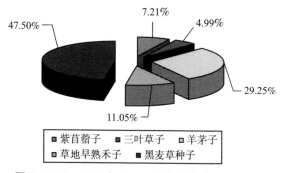

图 5 2020~2021 年 1~12 月我国草种子进口结构

资料来源：中华人民共和国海关总署海关统计。

　　2021 年 1~12 月，中国进口草种子的具体来源国如下：黑麦草种子主要来自美国、丹麦及新西兰。其中，从美国进口 1.74 万吨，占比 51%；从丹麦进口 0.54 万吨，占比 16%；从新西兰进口 0.45 万吨，占比 13%。羊茅子主要来自美国和丹麦。其中，从美国进口 1.83 万吨，占比 87%；从丹麦进口 0.10 万吨，占比 5%。草地早熟禾子主要来自美国和丹麦。其中，从美国进口 0.68 万吨，占比 86%；从丹麦进口 0.11 万吨，占比

14%。紫苜蓿子主要来自加拿大、意大利、澳大利亚和法国。其中，从加拿大进口 0.29 万吨，占比 57%；从意大利进口 0.17 万吨，占比 33%；从澳大利亚进口 0.03 万吨，占比 6%；从法国进口 0.02 万吨，占比 3%。三叶草子主要来自阿根廷、美国及新西兰。其中，从美国进口 0.12 万吨，占比 33%；从阿根廷进口 0.11 万吨，占比 31%；从新西兰进口 0.04 万吨，占比 12%。

五、乳品进口量增速放缓，进口价格呈上涨态势

2021 年 12 月，乳品进口 26.64 万吨，环比减少 12%，同比减少 14%；平均到岸价格 3,953 美元/吨，环比上涨 2%，同比上涨 19%（见图 6）。从全年来看，2021 年 1~12 月，乳品进口 390.83 万吨，同比增加 19%；平均到岸价格 3,450 美元/吨，同比下跌 4%。中国进口的乳品主要来自新西兰、德国、美国及波兰。其中，从新西兰进口 151.81 万吨，占比 39%；从德国进口 50.57 万吨，占比 13%；从美国进口 34.70 万吨，占比 9%；从澳大利亚进口 27.51 万吨，占比 7%；从波兰进口 20.50 万吨，占比 5%（见图 6 和图 7）。

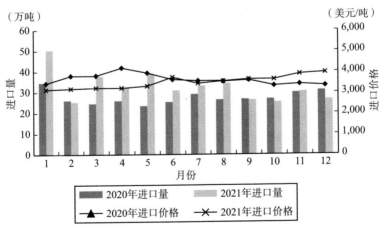

图 6　2020~2021 年 1~12 月中国乳品月度进口情况

资料来源：中华人民共和国海关总署海关统计。

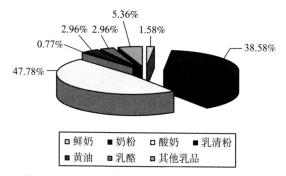

图7 2020~2021年1~12月中国乳品进口结构

资料来源：中华人民共和国海关总署海关统计。

六、牛肉进口增速放缓，进口价格大幅上涨

如图8所示，2021年12月，牛肉进口20.60万吨，环比增加14%，同比减少1%；平均到岸价格6,352元/吨，环比上涨5%，同比上涨40%。从整个年度来说，2021年1~12月，牛肉进口233.29万吨，同比增加10%；

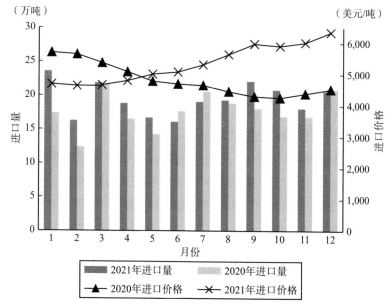

图8 2020~2021年1~12月中国牛肉月度进口情况

资料来源：中华人民共和国海关总署海关统计。

平均到岸价格 5,354 美元/吨，同比上涨 11%。中国进口的牛肉主要来自巴西、阿根廷、澳大利亚、乌拉圭及新西兰。其中，从巴西进口 85.85 万吨，占比 37%；从阿根廷进口 46.52 万吨，占比 20%；从乌拉圭进口 35.52 万吨，占比 15%；从新西兰进口 20.18 万吨，占比 9%；从澳大利亚进口 16.28 万吨，占比 7%，其余从美国、加拿大及智利进口。

七、羊肉进口增速放缓，进口价格大幅上涨

如图 9 所示，2021 年 12 月，羊肉进口 2.98 万吨，环比增加 11%，同比增加 4%；平均到岸价格 6,487 美元/吨，环比上涨 1%，同比上涨 28%。2021 年 1~12 月，羊肉进口 41.07 万吨，同比增加 13%；平均到岸价格 5,789 美元/吨，同比上涨 21%。中国进口的羊肉主要来自新西兰及澳大利亚。其中从新西兰进口 24.22 万吨，占比 59%；从澳大利亚进口 14.50 万吨，占比 35%，其他从智利和乌拉圭进口。

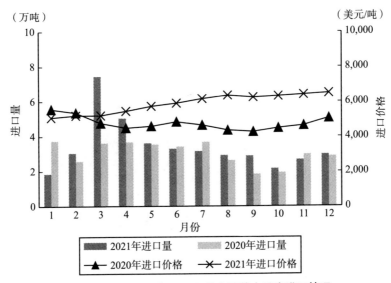

图 9　2020~2021 年 1~12 月中国羊肉月度进口情况

资料来源：中华人民共和国海关总署海关统计。

八、小结

从进口量来看，2021 年，中国草产品进口量较去年同期增加了 19%，其中，苜蓿干草进口同比增加 31%，燕麦草进口受中澳贸易摩擦影响同比减少 36%，苜蓿粗粉及团粒进口同比增加 84%。可以看出，国内对苜蓿干草和苜蓿粗粉及团粒的需求呈强劲的增长态势，无论是苜蓿干草的进口量还是苜蓿粗粉及团粒的进口量均创历史最高。

从进口价格来看，近两年干草价格一直很坚挺，其中，苜蓿干草进口价格近 5 年来一直呈上涨趋势，2021 年平均进口价格为 382 美元/吨，较 2021 年同期上涨了 6%，但仍未超过历史最高值；燕麦草进口价格近两年由于气候原因，供给减少，导致价格高位运行，2021 年初价格有所回落，但受中澳经贸关系的影响，澳大利亚多家企业向我国出口燕麦草的许可证到期后未得到续期，致使澳大利亚燕麦草对华出口量断崖式下跌，燕麦草进口价格也因供给受阻开始一路走高，12 月进口价格已上涨至 379 美元/吨；苜蓿粗粉及团粒进口价格随着进口量的增加日趋平稳，一改往年月度间大幅波动的状态，目前处于平稳运行状态。

从进口地理分布来看，中国草产品进口来源国日趋多元化。苜蓿干草进口来源依然是美国领先，拥有 81% 左右市场份额，西班牙居第二位，拥有 13% 左右的市场份额，其余来自加拿大、南非、苏丹、意大利及阿根廷。可以看出，西班牙脱水苜蓿的市场份额在不断提高，随着西班牙出口商对中国市场开拓力度的加强，西班牙脱水苜蓿在中国苜蓿干草市场上还有进一步提升的空间。中国燕麦草的进口依然全部依赖澳大利亚，目前继续受中澳贸易摩擦的影响，进口规模仍未得到恢复。苜蓿粗粉及团粒进口来源地也一改西班牙一家独揽的局面，意大利、哈萨克斯坦及南非也开始涉足中国苜蓿粗粉及团粒市场。

2021 年，中国草食畜产品的进口继续维持大量进口微量出口的贸易格局，受本年度进口价格不断飙升的影响，草食畜产品进口量整体呈放缓态势。其中，牛肉累计进口量同比增加 10%，羊肉累计进口量同比增加 13%，乳品累计进口量同比增加 19%。

世界牧草种子贸易格局及未来展望

刘亚钊　王明利

　　牧草种子是改良和保护天然草地、建立人工草地和生态草原的物质基础，在促进畜牧业健康科学地发展发挥着重要作用。自 2000 年以来，发展中国家产业结构调整及大范围的生态工程建设极大地推动了国际草种子市场。2000 年全球牧草种子贸易量为 24.21 万吨，2020 年增加至 51.15 万吨，增加了约 1.1 倍。中国牧草种子产业起步较晚，每年需要从国际市场上大量进口牧草种子以满足国内需求缺口。2020 年牧草种子进口量高达 6.11 万吨，仅次于德国为世界第二大牧草种子进口国。

　　受退耕还草、西部大开发、城市绿化的推动，国内牧草种子产业日趋兴盛，引发了学术界的广泛关注，并产生了大量的研究成果。从现有研究来看，研究主要集中在牧草种子生产领域。如毛培胜等（2016）从种子生产地域性、种子生产认证制度、种子生产机械化、土地成本等角度阐述了中国北方地区牧草种子生产实践中的限制因素。李青丰等（2001）认为推动中国牧草种业发展要以牧草种子生产为重点，以提高牧草种子产量、质量及生产效益为突破口，协调好科研、推广、生产和销售各环节，挖掘现有生产潜力、依靠技术进步、理顺市场供求关系等措施。韩建国（1997）分别对加拿大、美国及新西兰等国的草种子生产体系进行了系统梳理。而在消费和贸易流通领域研究成果较少，范少先等（2011）对 2001～2008 年全国牧草种子地区分布、面积、产量和草种子类别进行了统计分析，提出经济快速提升、人们对居住条件和生态环境要求的提高为草种子产业提供了更加广阔的市场。刘亚钊等（2012）分析了中国牧草种子贸易的特点及发展趋势，认为中国牧草种子将在很长一段时期内继续依赖国际市场。石自忠等（2019）通过计算牧草种子国际市场占有率、贸易竞争力指数等指标论证了中国牧草种子国际竞争力不足。

从现有文献来看，大量文献集中在中国牧草种子生产现状、瓶颈技术、培育体系等领域，流通贸易领域的文献较少，且都集中在中国牧草种子贸易角度。随着中国牧草种子需求不断增加，对国际市场的依赖日益加深，有必要对全球牧草种子市场进行系统全面梳理，以更好地把握牧草种子国际市场的供求格局，统筹用好国际国内两个市场、两种资源，有效弥补国内牧草种子不足，从而推动中国草食畜牧业健康持续地发展。

一、国际牧草种子贸易特征

（一）牧草种子贸易量整体呈上升趋势

国际市场上进行贸易的饲料植物种子包括紫苜蓿子、三叶草子、羊茅子、草地早熟禾子、黑麦草种子及其他饲料植物种子，由于其他饲料植物种子包含的种类复杂且中国进口量极低，因此，本文主要探讨紫苜蓿子、三叶草子、羊茅子、草地早熟禾子和黑麦草种子五大类。

2000年以来，国际牧草种子贸易量整体呈上升趋势。2000年牧草种子贸易量为24.21万吨，2020年增加至51.15万吨，增加了1.11倍。从2000年以来的数据看，国际牧草种子的贸易规模并非稳步增加，贸易量在增加的过程中存在着周期性波动，波动周期大约为4～5年。2004年、2007年、2011年、2014年以及2017年均属于周期中的波峰期，尤其是2011年，贸易量高达52.99万吨，创历史最高（见图1）。

（二）牧草种子贸易价格整体呈上升趋势

2000年以来，国际市场上牧草种子贸易价格整体呈上升趋势，近年来涨势放缓。从图2可以看出，各类牧草种子贸易价格整体呈上升趋势，但年度间波动较大。

紫苜蓿子贸易价格波动较大且无明显的周期性。2000年以来，紫苜蓿子的贸易价格整体呈波动式上升趋势，年度间波动较大。从近20年的数据来看，紫苜蓿子贸易价格波动的周期性不显著。2000年紫苜蓿子的贸易

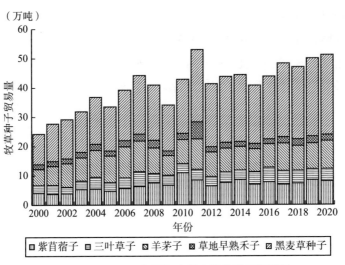

图1　2000～2020年国际市场上牧草种子贸易量

资料来源：联合国贸易（UN Comtrade）数据库。

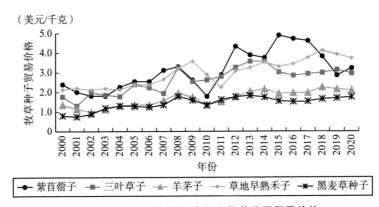

图2　2000～2020年国际市场上牧草种子贸易价格

资料来源：联合国贸易（UN Comtrade）数据库。

价格为2.39美元/千克，2008年上涨至3.30美元/千克；但在2010年一度跌至1.78美元/千克，之后开始大幅上涨，2015年涨至4.89美元/千克，上涨了1.74倍，创历史最高；之后呈逐年下滑趋势，2020年止跌回升，回升至3.21美元/千克。

黑麦草种子贸易价格变动最平稳且具有一定的周期性。2000年以来，黑麦草种子贸易价格整体来看呈稳步上涨趋势,年度间波动幅度较小。从近20年的数据来看,黑麦草种子贸易价格的变动具有一定的周期性,周期长度大约为5年。2004年、2008年、2013年为周期中的波峰期。2004年黑麦草种子贸易价格为1.30美元/千克,2008年上涨至1.79美元/千克,2013年进一步上涨至1.83美元/千克,目前为稳步上升时期,2020年价格为1.74美元/千克。

羊茅子贸易价格变动相对平稳且具有一定的周期性。2000年以来,羊茅子贸易价格整体来看呈稳步上涨趋势,且年度间波动相对平稳。从近20年的数据来看,羊茅子贸易价格的变动具有一定的周期性,周期长度大约为8年。每个周期内价格会有2~3年的短暂下滑期,到达周期谷底后会有5~6年的持续上涨期。2000年羊茅子贸易价格为1.35美元/千克,2017年涨至2.15美元/千克,目前处于下滑期,2020年跌至2.09美元/千克。

草地早熟禾子贸易价格变动相对平稳且具有一定的周期性。草地早熟禾子贸易价格变动趋势与羊茅子极其相似。2000年以来,草地早熟禾子贸易价格整体来看呈稳步上涨趋势,除个别年份外,年度间波动相对平稳。从近20年的数据来看,草地早熟禾子贸易价格的变动具有一定的周期性,周期长度大约为12年。每个周期内价格会有8~10年的持续上涨期,到达周期波峰后会有2~4年的短暂下滑期。2000年草地早熟禾子贸易价格为2.13美元/千克,2018年涨至4.12美元/千克,目前处于下滑期,2020年跌至3.73美元/千克。

三叶草子的贸易价格波动日趋平稳且周期性不显著。2000年以来,三叶草子贸易价格整体呈先升后降的趋势,近年来价格波动日益平稳。2010年以前,国际市场上三叶草子的贸易价格波动较频繁。2000年三叶草子的贸易价格为1.77美元/千克,2014年涨至3.52美元/千克,创近20年来最高;但在2015年出现断崖式下跌,近年来呈现出稳步涨趋势,2020年贸易价格为2.94美元/千克。

(三)牧草种子贸易中黑麦草种子占据半壁江山

国际市场上进行贸易的牧草种子主要有紫苜蓿子、三叶草子、羊茅子、草地早熟禾子、黑麦草种子，其中黑麦草种子是最主要的贸易品种，无论是贸易量还是贸易额均占比最高。如图3所示，2020年牧草种子贸易总量为51.15万吨。其中紫苜蓿子为8.04万吨、三叶草子为4.25万吨、羊茅子为9.57万吨、草地早熟禾子为2.06万吨、黑麦草种子为27.23万吨，占比分别为15.73%、8.31%、18.70%、4.03%、53.23%。2020年牧草种子贸易总额为11.35亿美元，其中紫苜蓿子为2.58亿美元、三叶草子为1.25亿美元、羊茅子为2.00亿美元、草地早熟禾子为0.77亿美元、黑麦草种子为4.75亿美元，占比分别为22.76%、11.02%、17.61%、6.76%、41.85%。

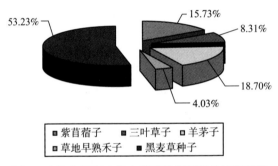

图3　2020年国际市场上牧草种子贸易的产品结构

资料来源：联合国贸易（UN Comtrade）数据库。

二、国际牧草种子出口贸易格局

国际市场上，出口牧草种子的国家近70个，美国、丹麦、加拿大、荷兰、德国、意大利及新西兰是该市场的主要供给国家（地区）。

（一）美国是牧草种子最大出口国，以黑麦草种子和草地早熟禾子为主

2000年以来，美国牧草种子出口量呈波动式上升趋势，在国际牧草种子市场上的占比呈先升后降趋势。美国是国际市场上牧草种子的传统出口国，2009年开始超过丹麦居世界第一。2000年美国牧草种子出口量为

4.95 万吨，2017 年出口量创历史最高，达 14.66 万吨；近两年呈下滑趋势，2020 年出口量为 11.68 万吨。美国牧草种子出口量具有明显的周期性，周期长度大致为 5 年，2000 年、2004 年、2008 年、2011 年及 2017 年为周期的波峰，波峰逐渐递增。虽然美国牧草种子的出口量整体呈增加的趋势，但美国牧草种子在世界市场上的份额却呈先升后降的趋势。2000 年美国牧草种子出口量的世界占比为 20.44%，2012 年一度提高到 30.48%，随后开始出现了下滑，尤其是近两年，处于周期中下滑期，2020 年美国牧草种子的在世界市场上的占比仅 22.84%（见图 4）。

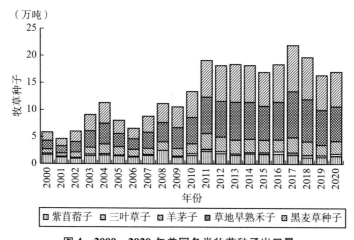

图 4　2000～2020 年美国各类牧草种子出口量

资料来源：联合国贸易（UN Comtrade）数据库。

美国出口的牧草种子以黑麦草种子、草地早熟禾子及羊茅子为主，三叶草子的出口量较少。如图 4 所示，其中，2020 年，黑麦草种子出口量为 6.40 万吨，占美国总出口量的 54.81%，占世界总出口量的 23.52%，是世界上黑麦草种子的第一大出口国。美国黑麦草种子的出口市场近 50 个，其中中国、加拿大、韩国、澳大利亚及日本是主要出口市场，2020 年各国的占比分别是 31.44%、19.17%、10.87%、8.42%、4.49%。

2020 年，羊茅子出口量是 2.36 万吨，占美国总出口量的 20.18%，占世界总出口量的 24.65%，是世界上羊茅子第二大出口国。美国羊茅子的出口市场近 40 个，其中中国、加拿大、韩国及意大利是主要出口市场，

2020 年各国的占比分别是 44.69%、20.28%、6.00%、5.37%。

2020 年，苜蓿子出口量是 1.45 万吨，占美国总出口量的 12.45%，占世界总出口量的 18.09%，是世界上紫苜蓿子的第一大出口国。美国紫苜蓿子的出口市场近 40 个。其中墨西哥、沙特阿拉伯、秘鲁、加拿大及利比亚是主要出口市场，2020 年各国的占比分别是 36.03%、24.68%、11.46%、5.32%、3.88%。

2020 年，草地早熟禾子出口量是 1.06 万吨，占美国总出口量的 9.09%，占世界总出口量的 51.55%，是世界上草地早熟禾子的第一大出口国。美国草地早熟禾子的出口市场近 40 个。其中加拿大、中国、荷兰、德国、日本及韩国是主要出口市场，2020 年各国的占比分别是 37.66%、28.15%、9.23%、5.46%、3.88%、3.20%。

2020 年，三叶草子出口量是 0.40 万吨，占美国总出口量的 3.46%，占世界总出口量的 9.52%，是世界上三叶草子的第四大出口国。美国三叶草子的出口市场近 40 个。其中加拿大、荷兰、中国、意大利、保加利亚、阿根廷及日本是主要出口市场，2020 年各国的占比分别是 35.83%、12.25%、12.16%、7.98%、4.94%、4.79%、4.09%。

（二）丹麦是牧草种子第二大出口国，以黑麦草种子和羊茅子为主

2000 年以来，丹麦牧草种子出口量整体呈上升趋势，但在国际牧草种子市场上的占比呈下降趋势。丹麦是国际市场上牧草种子的传统出口国。在 2014 年以前，丹麦牧草种子的出口量年度间波动较大，近年来出口量日趋平稳，出口量维持在 8 万吨左右。随着美国牧草种子出口量的增加，丹麦作为牧草种子第一大出口国的地位在 2009 年被美国取代。2000 年丹麦牧草种子出口量为 2.84 万吨，2007 年增加至 10.87 万吨，创历史最高；随后出现断崖式下滑，2012 年开始稳步增加，2020 年出口量增加至 9.64 万吨。随着第一大出口国的地位被取代，丹麦牧草种子在世界市场上的份额显著降低。2000 年丹麦牧草种子的世界市场占比为 11.75%，2006 年高达 27.08%，随着美国牧草种子大量进军国际市场，2020 年丹麦牧草种子的世界市场占比降为 18.84%（见图 5）。

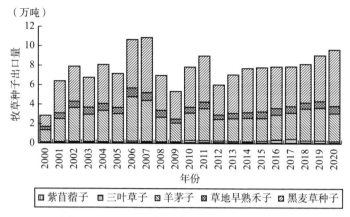

图5　2000～2020年丹麦各类牧草种子出口量

资料来源：联合国贸易（UN Comtrade）数据库。

丹麦出口的牧草种子以黑麦草种子和羊茅子为主，紫苜蓿子出口量极少。如图5所示，其中，2020年，黑麦草种子出口量5.79万吨，占丹麦总出口量的60.05%，占世界总出口量的21.26%，仅次于美国是世界上黑麦草种子的第二大出口国。丹麦黑麦草种子的出口市场近50个。其中德国、荷兰、英国、中国及意大利是主要出口市场，2020年各国的占比分别是32.29%、18.96%、11.61%、9.09%、5.21%。

2020年，羊茅子出口量2.86万吨，占丹麦总出口量的29.66%，占世界总出口量的29.89%，是世界上羊茅子的第一大出口国。丹麦羊茅子的出口市场近50个。其中德国、荷兰、英国、意大利及中国是主要出口市场，2020年各国的占比分别是23.86%、22.24%、13.50%、7.67%、4.13%。

2020年，草地早熟禾子出口量0.76万吨，占丹麦总出口量的7.89%，占世界总出口量的36.94%，是世界上草地早熟禾子的第二大出口国。丹麦草地早熟禾子的出口市场近30个。其中德国、荷兰、中国、奥地利、瑞士及意大利是主要出口市场，2020年各国的占比分别是27.09%、26.76%、6.64%、5.23%、5.20%、5.08%。

2020年，三叶草子出口量是0.16万吨，占丹麦总出口量的1.65%，占世界总出口量的3.75%。丹麦三叶草子的出口市场近40个。其中荷兰、中国、德国、英国、俄罗斯及意大利是主要出口市场，2020 年各国的占比分别是 21.79%、13.49%、13.29%、12.77%、8.60%、5.89%。

（三）加拿大是牧草种子第三大出口国，以紫苜蓿子和黑麦草种子为主

2000 年以来，加拿大牧草种子出口量呈先升后降趋势，在国际牧草种子市场上的占比大幅下降。加拿大是国际市场上牧草种子的传统出口国。2006 年以来出口量大幅下降，近两年有所回升，目前出口量居世界第三。2000 年以来，加拿大牧草种子出口量呈先升后降趋势。2000～2007 年，加拿大牧草种子的出口量快速增加。2007 年出口量高达 6.28 万吨，创历史最高；随后出现大幅下滑，近两年有所回升，2020 年出口量回升至 4.71 万吨。随着加拿大牧草种子出口量的下滑，加拿大在国际牧草种子市场上的份额显著降低，2000 年加拿大牧草种子世界市场占比为 14.38%，2010 年降至 6.92%；随着近几年出口量的回升，市场占比也有所提高，2020 年世界市场占比为 9.21%（见图 6）。

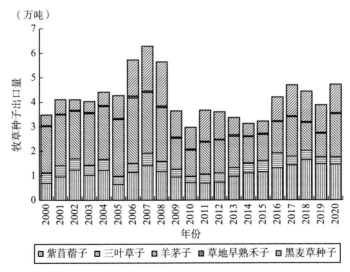

图 6 2000～2020 年加拿大各类牧草种子出口量

资料来源：联合国贸易（UN Comtrade）数据库。

加拿大出口的牧草种子以羊茅子、紫苜蓿子和黑麦草种子为主，草地早熟禾子出口量非常少。如图 6 所示，其中，2020 年，羊茅子出口量 1.76 万吨，占加拿大总出口量的 37.43%，占世界总出口量的 10.09%，是世界上羊茅子的第三大出口国。加拿大羊茅子的出口市场近 15 个，出口地较集中。其中美国、中国、荷兰、德国及西班牙主要出口市场，2020 年各国的占比分别是 78.37%、7.99%、3.91%、3.11%、2.14%。

2020 年，紫苜蓿子出口量 1.45 万吨，占加拿大总出口量的 30.86%，占世界总出口量的 18.28%，是世界上紫苜蓿子的第二大出口国。加拿大紫苜蓿子的出口市场近 20 个，出口地较集中。其中美国、中国、荷兰、阿根廷及秘鲁是主要出口市场，2020 年各国的占比分别是 55.43%、19.12%、15.25%、2.19%、1.79%。

2020 年，黑麦草种子出口量 1.19 万吨，占加拿大总出口量的 25.23%，占世界总出口量的 4.21%。加拿大黑麦草种子的出口市场近 15 个，出口地较集中。其中美国、中国、荷兰、法国及德国是主要出口市场，2020 年各国的占比分别是 52.59%、19.14%、12.84%、3.71%、3.71%。

2020 年，三叶草子出口量 0.29 万吨，占加拿大总出口量的 6.19%，占世界总出口量的 6.46%。加拿大三叶草子的出口市场近 15 个，出口地较集中。其中美国、德国、中国、意大利及丹麦是主要出口市场，2020 年各国的占比分别是 49.51%、21.60%、14.48%、5.07%、2.14%。

（四）荷兰是牧草种子第四大出口国，以黑麦草种子和羊茅子为主

2000 年以来，荷兰牧草种子出口量呈先升后降的趋势，近年来回升趋势显著。荷兰是国际市场上牧草种子的传统出口国，年出口量一直维持在 3.5 万吨左右，2011 年曾创历史最高，出口量达 5.26 万吨；随后逐年下跌，2015 年减少至 2.91 万吨；随后止跌回升；2020 年出口量回升至 4.33 万吨。随着荷兰牧草种子出口量的减少，其世界市场占比也显著下跌。2001 年荷兰占比高达 14.42%，居世界第三，2015 年降至 7.14%；近两年随着出口量的增加，占比也有所回升，2020 年占比为 8.47%，居世界第四（见图 7）。

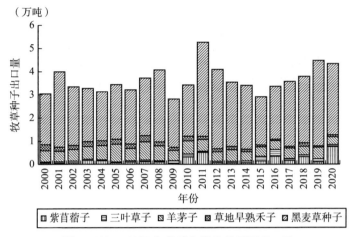

图 7　2000~2020 年荷兰各类牧草种子出口量

资料来源：联合国贸易（UN Comtrade）数据库。

荷兰出口的牧草种子以黑麦草种子、紫苜蓿子及羊茅子为主，三叶草子和草地早熟禾子出口量非常少。如图 7 所示，其中，2020 年，黑麦草种子出口量 3.07 万吨，占荷兰总出口量的 70.93%，占世界总出口量的 13.55%，是世界上黑麦草种子的第三大出口国。荷兰黑麦草种子的出口市场近 50 个。其中德国、英国、法国、爱尔兰及丹麦是主要出口市场，2020 年各国的占比分别是 50.11%、10.27%、6.65%、5.65%、5.54%。

2020 年，紫苜蓿子出口量 0.76 万吨，占荷兰总出口量的 17.46%，占世界总出口量的 1.20%。荷兰紫苜蓿子的出口市场近 40 个，但出口集中度较高。其中德国、俄罗斯及法国是主要出口市场，2020 年各国的占比分别是 91.60%、1.74%、1.35%。

2020 年，羊茅子出口量 0.34 万吨，占荷兰总出口量的 7.77%，占世界总出口量的 5.16%。荷兰羊茅子的出口市场近 40 个，出口市场较分散。其中德国、法国、英国、意大利及丹麦是主要出口市场，2020 年各国的占比分别是 26.54%、16.51%、9.25%、7.88%、6.84%。

（五）新西兰、德国及意大利是牧草种子重要出口国

新西兰、德国及意大利都是传统的牧草种子出口国，近年来牧草种子出口量均呈现出强劲的增长态势。

2000 年以来，新西兰牧草种子出口量整体呈上升趋势。2000 年新西兰牧草种子出口量为 1.76 万吨，世界占比为 7.26%，2020 年出口量增加至 3.81 万吨，世界占比为 7.45%。新西兰出口的牧草种子主要是黑麦草种子、三叶草子及羊茅子，2020 年出口量分别是 2.97 万吨、0.51 万吨、0.33 万吨，在总出口量中的占比分别是 77.98%、13.35%、8.67%，在世界市场的占比分别是 10.91%、11.96%、3.45%。新西兰黑麦草种子出口市场较分散，德国、澳大利亚、中国、荷兰、智利、美国及波兰是主要出口市场，各国占比分别是 16.86%、15.98%、10.86%、9.34%、6.61%、6.07%、5.79%。新西兰三叶草子出口市场较分散，中国、德国、法国、荷兰、美国及英国是主要出口市场，各国占比分别是 15.39%、14.83%、14.38%、12.68%、8.40%、5.16%。新西兰羊茅子出口市场比较集中，澳大利亚、法国及美国是主要出口市场，各国占比分别是 75.47%、13.38%、3.35%。目前新西兰是第二大三叶草子的出口国、第四大黑麦草种子出口国家（见图 8）。

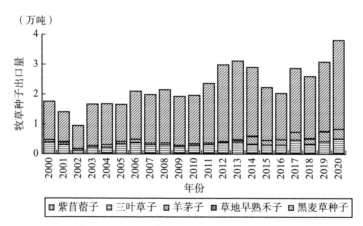

图 8　2000～2020 年新西兰各类牧草种子出口量

资料来源：联合国贸易（UN Comtrade）数据库。

2000 年以来，德国牧草种子出口量呈先升后降的趋势，近年来呈现回升趋势。2000 年德国牧草种子出口量为 2.46 万吨，世界占比为 10.18%，

2007 年出口量高达 4.39 万吨，创历史最高；之后开始下滑，2013 年止跌回升，2020 年出口量恢复至 3.46 万吨，世界占比为 6.76%。德国出口的牧草种子主要是黑麦草种子、羊茅子及三叶草子，2020 年出口量分别是 2.21 万吨、0.61 万吨、0.34 万吨，在总出口量中的占比分别是 63.84%、17.68%、9.73%，在世界市场的占比分别是 7.89%、5.85%、7.93%。德国黑麦草种子出口市场较分散。荷兰、英国、奥地利、法国及瑞士是主要出口市场，各国占比分别是 21.49%、15.09%、11.08%、9.75%、6.40%。德国羊茅子的主要出口市场是俄罗斯、英国、法国、瑞士、波兰及奥地利，各国占比分别是 13.65%、13.49%、12.09%、11.41%、7.96%、6.92%、6.79%。德国三叶草子出口市场较分散。荷兰、英国、奥地利、法国及瑞士是主要出口市场，各国占比分别是 21.49%、15.09%、11.08%、9.75%、6.40%。目前德国是第三大草地早熟禾子的出口国、第四大羊茅子出口国、第五大黑麦草种子出口国（见图 9）。

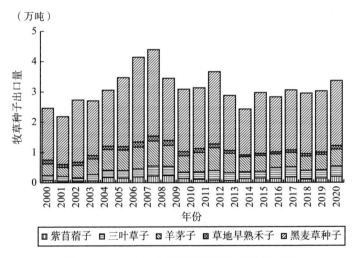

图 9　2000～2020 年德国各类牧草种子出口量

资料来源：联合国贸易（UN Comtrade）数据库。

2000 年以来，意大利牧草种子出口量呈上升趋势显著。2000 年意大利牧草种子出口量为 0.82 万吨，2013 年出口量增加至 3.24 万吨，创历史最高；2020 年牧草种子出口量为 2.57 万吨，世界占比为 5.14%。意大利出口的牧草种子主要是紫苜蓿子、三叶草子及黑麦草种子。2020 年出口量分别是 1.11 万吨、0.81 万吨、0.52 万吨，在总出口量中的占比分别是 43.04%、31.53%、20.23%，在世界市场的占比分别是 10.21%、20.01%、2.74%。意大利紫苜蓿子出口市场较分散，摩洛哥、罗马尼亚、法国、德国、白俄罗斯及土耳其是主要出口市场，各国占比分别是 17.11%、15.01%、10.56%、8.46%、8.24%、5.32%。三叶草子出口市场较集中。德国、法国及奥地利是主要出口市场，各国占比分别是 41.16%、25.15%、9.46%。黑麦草种子出口市场较分散，法国、德国、土耳其、英国及西班牙是主要出口市场，各国占比分别是 25.74%、19.66%、13.86%、5.90%、5.32%。目前意大利是第一大三叶草子的出口国、第三大紫苜蓿子出口国、第五大草地早熟禾子出口国（见图 10）。

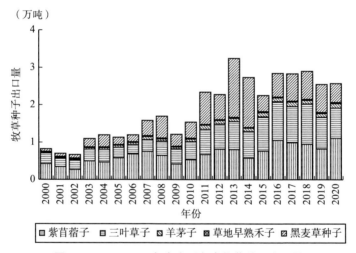

图 10   2000～2020 年意大利各类牧草种子出口量

资料来源：联合国贸易（UN Comtrade）数据库。

三、国际牧草种子进口贸易格局

国际市场上，进口牧草种子的国家近 100 个，德国、中国、美国、荷兰、法国及意大利是主要进口国。

（一）德国是牧草种子第一大进口国，以黑麦草种子为主，是国际市场上黑麦草种子第一大进口国

2000 年以来，德国牧草种子进口量呈先降后增的趋势。德国一直是国际市场上牧草种子的主要进口国，2014 年以前是牧草种子最大进口国，随着中国进口，2014 年以来进口量居世界第二，2019 年又超过中国成为第一大进口国。德国牧草种子进口具有明显的周期性，波动周期长度大约为 6 年，近年来年进口量呈逐渐上升趋势。2000 年德国牧草种子进口量为 4.29 万吨，进口额为 0.44 亿美元，世界占比分别是 14.65%、10.81%。2020 年牧草种子进口量为 7.02 万吨，进口额为 1.61 亿美元，世界占比分别是 13.62%、15.01%（见图 11）。

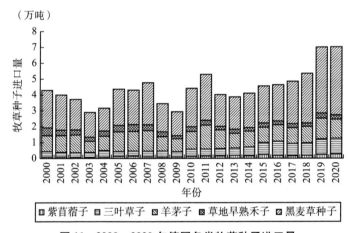

图 11　2000 ~ 2020 年德国各类牧草种子进口量

资料来源：联合国贸易（UN Comtrade）数据库。

2020 年德国各类牧草种子的进口量依次是黑麦草种子 4.29 万吨、羊茅子 1.20 万吨、三叶草子 0.99 万吨、草地早熟禾子 0.27 万吨、紫苜蓿子 0.27 万吨，其占比分别为 61.15%、17.15%、14.05%、3.84%、3.81%，世界占比分别为 15.64%、14.56%、13.00%、16.78%、3.68%，是国际市场上黑麦草种子第一大进口国、羊茅子第二大进口国、三叶草子第三大进口国（见图 11）。德国牧草种子的进口市场较分散。其中，黑麦草种子的进口市场近 25 个，丹麦、荷兰、波兰、新西兰及意大利是主要进口市场，各国的占比分别是 50.31%、15.20%、13.69%、6.89%、5.68%；羊茅子的进口市场近 20 个，丹麦、瑞典、波兰及荷兰是主要进口市场，各国的占比分别是 51.80%、21.40%、8.93%、8.85%；三叶草子的进口市场近 20 个，意大利、波兰、捷克、匈牙利及法国是主要进口市场，各国的占比分别是 57.35%、7.73%、5.37%、4.83%、4.69%；地早熟禾子和紫苜蓿子的进口较少，地早熟禾子的进口来源国主要是丹麦、美国及荷兰及瑞士，紫苜蓿子的进口来源国主要是意大利、法国、匈牙利及波兰。

（二）中国是牧草种子第二大进口国，以黑麦草种子为主，是国际市场上黑麦草种子和草地早熟禾子的第二大进口国

2000 年以来，中国牧草种子进口量急剧增加。中国在 2000 年以前牧草种子进口量一直较低，进口量不足万吨，2000 年以来，进口量急剧增加，2014 年以来，赶超德国成为头号进口大国，由于近两年德国进口量持续增加，2019 年被德国赶超居世界第二。2000 年中国牧草种子进口量为 1.08 万吨，进口额为 0.20 亿美元，世界占比分别为 3.67%、4.98%。2020 年牧草种子进口量增加至 6.11 万吨，进口额增加至 1.04 亿美元，世界占比分别为 11.86%、9.73%（见图 12）。

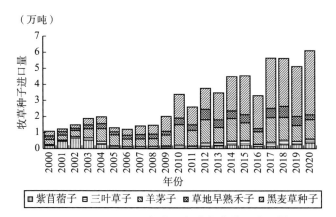

图 12　2000～2020 年中国各类牧草种子进口量

资料来源：联合国贸易（UN Comtrade）数据库。

2020 年中国各类牧草种子的进口量依次是黑麦草种子 3.99 万吨、羊茅子 1.20 万吨、紫苜蓿子 0.35 万吨、草地早熟禾子 0.31 万吨、三叶草子 0.26 万吨，占比分别是 65.35%、19.56%、5.78%、5.00%、4.31%，世界占比分别是 11.67%、10.88%、3.95%、29.78%、2.89%，是国际市场上黑麦草种子和草地早熟禾子的第二大进口国、羊茅子的第三大进口国（见图 12）。中国牧草种子的进口来源国高度集中，其中，黑麦草种子的进口市场主要集中在美国、丹麦、新西兰及加拿大，各国的占比分别是 70.71%、13.18%、7.99%、5.30%；羊茅子的进口市场主要集中在美国、丹麦、加拿大及阿根廷，各国的占比分别是 80.96%、9.13%、5.88%、4.04%；草地早熟禾子的进口市场主要集中在美国及丹麦，各国的占比分别是 87.32%、12.68%；紫苜蓿子的进口市场主要集中在加拿大、澳大利亚、美国及法国，各国的占比分别是 76.31%、17.11%、3.04%、2.97%；三叶草子的进口市场主要集中在阿根廷、新西兰、美国、澳大利亚及丹麦，各国的占比分别是 39.69%、26.44%、14.55%、10.47%、5.69%。

（三）荷兰是牧草种子第三大进口国，以黑麦草种子为主，是国际上黑麦草种子第三大进口国

2000 年以来，荷兰牧草种子进口量呈先升后降的趋势。2000 年以来荷兰进口量呈先升后降的趋势，2016 年止跌回升后呈现出强劲的增长态势。2000 年荷兰牧草种子进口量为 1.54 万吨，进口额为 0.17 亿美元，世界占比分别是 5.26%、4.19%，2012 年进口量创历史最高，达 4.43 万吨，近两年进口量显著回升，2020 年牧草种子进口量为 4.02 万吨，进口额为 0.86 亿美元，世界占比分别是 7.80%、8.03%（见图 13）。

2020 年荷兰各类牧草种子的进口量依次是黑麦草种子 2.37 万吨、羊茅子 0.79 万吨、苜蓿子 0.31 万吨、三叶草子 0.31 万吨、草地早熟禾子 0.25 万吨，占比分别为 59.05%、19.56%、7.68%、7.59%、6.13%，世界占比分别是 7.51%、8.31%、3.25%、4.33%、14.02%，是国际上

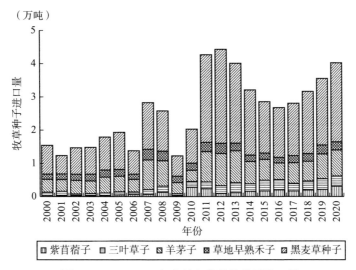

图13 2000～2020年荷兰各类牧草种子进口量

资料来源：联合国贸易（UN Comtrade）数据库。

黑麦草种子第三大进口国（见图13）。荷兰牧草种子的进口市场较分散。其中，黑麦草种子的进口市场近40个，丹麦、新西兰、德国、加拿大及美国是主要进口来源国，各国的占比分别是33.07%、16.27%、10.85%、7.18%、5.71%；羊茅子的进口市场近50个，丹麦、美国、法国、加拿大及德国是主要进口市场，各国的占比分别是52.55%、10.66%、6.86%、6.03%、5.58%。

（四）美国是牧草种子的第四大进口国，以羊茅子为主，是国际市场上紫苜蓿种子和羊茅种子的最大进口国

2000年以来，美国牧草种子进口量整体呈下降的趋势。2005年以前美国牧草种子的进口量与德国旗鼓相当，进口量一直维持在4万吨左右，2006～2008年，美国牧草种子进口量快速增加，2007年进口量高达6.41万吨，创历史最高，随后开始大幅下滑，目前进口量居世界第四。2000年美国牧草种子进口量为4.29万吨，进口额为0.62亿美元，世界占比分别是14.62%、15.9%。2020年牧草种子进口量为3.85万吨，进口额为0.93亿美元，世界占比分别是7.46%、8.67%（见图14）。

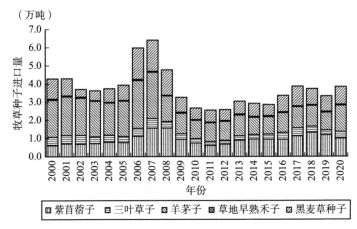

图 14 2000～2020 年美国各类牧草种子进口量

资料来源：联合国贸易（UN Comtrade）数据库。

2020 年美国各类牧草种子的进口量依次是羊茅种子 1.46 万吨、黑麦草种子 1.01 万吨、紫苜蓿子 0.99 万吨、三叶草子 0.37 万吨、草地早熟禾种子 0.02 万吨，占比分别为 37.86%、26.21%、25.87%、9.56%、0.51%，世界占比分别是 10.98%、3.34%、18.18%、3.44%、0.90%，是国际市场上紫苜蓿子和羊茅子的最大进口国（见图 14）。美国牧草种子的进口市场较集中。其中，羊茅子的进口市场近 10 个，加拿大、德国及丹麦是主要进口市场，各国占比分别是 94.87%、1.93%、1.79%；黑麦草种子的进口市场近 15 个，加拿大、丹麦及新西兰是主要进口市场，各国占比分别是 61.99%、18.03%、15.32%；紫苜蓿子的进口市场近 10 个，加拿大及澳大利亚是主要进口市场，各国占比分别是 80.97%、17.62%；三叶草子的进口市场近 10 个，新西兰、加拿大、埃及和澳大利亚是主要进口市场，各国的占比分别是 40.30%、37.80%、10.78%、4.59%。

（五）法国和意大利牧草种子进口增长缓慢，以黑麦草种子和三叶草子为主

2000 年以来，法国牧草种子进口量整体呈上升趋势。法国是国际市场上牧草种子的传统进口国，进口量相对稳定，一直维持在 2.5 万吨左右。

2000 年法国牧草种子进口量为 2. 21 万吨，进口额为 0. 21 亿美元，世界占比分别是 7. 54%、5. 14%。2011 年进口量增加至 3. 56 万吨，创历史最高，随后出现下滑，近两年呈回升态势，2020 年牧草种子进口量为 3. 05 万吨，进口额为 0. 65 亿美元，世界占比分别是 5. 38%、5. 95%（见图 15）。

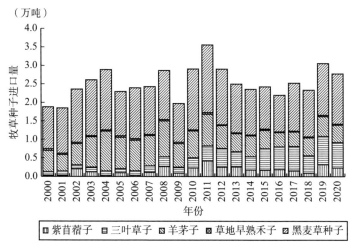

图 15　2000 ~ 2020 年法国各类牧草种子进口量

资料来源：联合国贸易（UN Comtrade）数据库。

　　2020 年法国各类牧草种子的进口量依次是黑麦草种子 1. 36 万吨、三叶草子 0. 69 万吨、羊茅子 0. 46 万吨、紫苜蓿子 0. 23 万吨、草地早熟禾子 0. 03 万吨，占比分别为 48. 98%、24. 81%、16. 75%、8. 45%、1. 02%，在世界各类牧草种子市场上的占比分别是 5. 23%、10. 14%、6. 02%、4. 94%、1. 84%（见图 15）。法国牧草种子的进口来源国较分散。其中，黑麦草种子的进口市场近 25 个，荷兰、德国、意大利及丹麦是主要进口市场，各国的占比分别是 19. 10%、17. 49%、17. 01%、12. 97%；三叶草子的进口市场近 25 个，意大利、新西兰、德国、以色列及捷克是主要进口市场，各国的占比分别是 36. 63%、11. 38%、10. 68%、8. 72%、7. 45%；羊茅子的进口市场进 20 个，丹麦、荷兰、德国、新西兰及美国是主要进口市场，各国的占比分别是 33. 56%、26. 42%、15. 32%、7. 61%、5. 90%；紫苜蓿子的进口市场近 20 个，进口市场非常集中，西班牙、意大利及罗马尼亚是主要进口市场，各国的占比分别是 47.73%、40.11%、4.73%。

2000 年以来，意大利牧草种子进口量相对稳定。意大利是国际市场上牧草种子的传统进口国，进口量一直维持在 3 万吨左右。2000 年意大利牧草种子进口量为 2.21 万吨，进口额为 0.21 亿美元，世界占比分别是 7.54%、5.14%。2020 年牧草种子进口量为 2.70 万吨，进口额 0.47 亿美元，世界占比分别是 5.24%、4.39%（见图 16）。

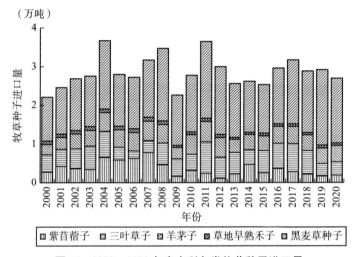

图 16　2000～2020 年意大利各类牧草种子进口量

资料来源：联合国贸易（UN Comtrade）数据库。

2020 年意大利各类牧草种子进口量依次是黑麦草种子 1.68 万吨、羊茅子 0.43 万吨、三叶草子 0.34 万吨、紫苜蓿子 0.19 万吨、草地早熟禾子 0.06 万吨，占比分别为 62.12%、15.89%、12.47%、7.17%、2.35%，世界占比分别是 8.46%、6.38%、5.24%、2.50%、3.39%，是国际市场上黑麦草种子的第三大进口国（见图 16）。意大利牧草种子的进口来源国较分散。其中，黑麦草种子的进口市场近 25 个，进口市场较分散，阿根廷、丹麦、美国及乌拉圭是主要进口市场，各国（地区）的占比分别是 26.52%、16.05%、9.98%、8.40%；羊茅子的进口市场近 15 个，丹麦、美国及西班牙是主要进口市场，各国（地区）占比分别是 43.91%、32.71%、5.38%；三叶草子的进口市场近 25 个，进口市场较分散，捷克、埃及、澳大利亚、美国及匈牙利是主要进口市场，各国的占比分别是 27.01%、11.17%、9.04%、7.95%、7.05%；紫苜蓿子的进口市场近 20 个，进口市场非常集中，法国、美国、澳大利亚、塞尔维亚及罗马尼亚是主要进口市场，各国的占比分别是 38.52%、16.35%、13.84%、8.00%、6.54%；草地早熟禾子进口量较少，进口市场高度集中，主要集中在丹麦、美国及德国。

四、国际牧草种子市场展望

（一）国际牧草种子需求将继续呈增加态势

随着各国对生态保护、环境建设、畜牧业推进和城市绿化的高度关注，全球对牧草种子的需求量必然会继续增加。从近几年的贸易量来看，无论是畜牧用的牧草种子还是草坪草种子都呈现不断增加的趋势。随着经济社会的发展、各国城市化进程的加快、城市绿化标准的提升及城市面积的大幅度增长，各国城市绿色基础设施建设投入增大，如飞机场、高速公路、高尔夫球场和运动场草坪等大量扩建和新建，城市绿化工程增多、市民生态环保意识提高，人们愈加认识到草坪的休闲游憩及生态环保作用，必将进一步引发对草坪草种子的巨大需求。此外，随着畜产品的消费量在世界范围内不断增长，尤其是乳制品的消费量在世界范围内不断增长，推动了全球牧草产业蓬勃发展。人们越来越意识到牛奶和奶制品的健康益处，这使全球对牧草种子的需求日益旺盛。

（二）亚洲地区在国际牧草种子市场上的份额将会进一步提高

国际牧草种子市场主要出口国是美国、丹麦、加拿大、荷兰、德国、新西兰及意大利，主要进口国是德国、中国、美国、荷兰、法国及意大利。可见，国际牧草种子贸易主要集中在欧美地区，亚洲国家的贸易量及参与度都很低。但随着亚洲地区经济发展，各国都提高了对生态建设的重视，如中国及巴基斯坦等国家，尤其是中国。近年来，中国牧草种子进口量快速增加，世界占比由 4% 提升至 12%，并成为世界第二大进口国。虽然很多国家开始着手牧草种子工程项目，但培育牧草种子是系列工程，提高质量不是一朝一夕就能解决的问题，短期内还需要依赖于专业化比较强、种植经验比较丰富的国家。此外，牧草种子在播种发芽时需要适度的降水量和温度，不太寒冷的低温春化条件，开花成熟期间需要适温少雨多照，充分的养分转换蓄积，才能使种子充实饱满。可见自然禀赋对牧草种子的生产至关重要，并非适合世界上每个国家。目前，各国只能积极探索和挖掘本国的适宜地区，但短期内依然要通过国际贸易来弥补自然禀赋的不足。

（三）在牧草种子生产领域国际间区域合作日益加强

在经济全球化和区域经济一体化的大背景下，相邻的两个或者两个以上的国家企业之间合作不断加强，这在牧草种子生产领域有充分的体现。如美国的最大进口来源国是加拿大，同时加拿大的最大进口来源国是美国。而欧洲的丹麦、德国、荷兰及意大利等主要贸易国的主要贸易对象均以欧盟内为主，这些贸易除了品种差异因素外，区域间的合作也是重要的原因。如加拿大生产的某些苜蓿品种，特别是为美国奶牛养殖地区生产的专利品种的种子，一般都具有高产、优质、持久性好、抗冬季寒冷等特性。美国的种子公司在加拿大西部生产草地早熟禾子和羊茅子以满足国际市场对草坪种子的需求。同时，美国西北地区仅靠天然降水的季节分布特点就能满足牧草种子生产对气候的特殊要求，因而形成了世界上牧草种子产量最高、质量最好的集中生产区。在荷兰、日本、丹麦、德国、澳大利亚等国牧草种子生产大国的种子公司纷纷到美国建立种子生产基地，以充分利用该地区的气候资源，生产高产优质的牧草种子，降低种子生产成本，增强在国际市场上的竞争能力。

（四）美国依然在国际牧草种子市场上占有主导地位

美国是目前世界上最大的冷季型草坪草、牧草种子主产地和商品种子供应地。生产地集中分布在美国的俄勒冈州、华盛顿州、爱达荷州、加利福尼亚州及内华达州等地。这里气候条件优越，土地肥沃，有传统的种草历史和丰富的种植经验及熟练操作技能的种植者，使该区域成为世界上最重要的商品种子生产区，每年生产近 50 万吨牧草种子，牧草种子除满足本国需求外，还进行大量出口。美国是国际市场上传统的牧草种子贸易国，随着 20 世纪五六十年代美国农业部基础种子生产计划的实施和执行，美国由曾经的进口大国逐渐转变为第一出口国，紫苜蓿子、草地早熟禾子及黑麦草种子的出口量均领先于其他国家，为世界第一大出口国。目前美国牧草种子在国际市场上的份额仍高达 23%，美国依靠其地缘优势和技术优势，在国际市场上仍占有主导地位。

（五）贸易价格不断攀升进一步激发了生产国的潜能

随着国际市场对牧草种子需求的持续加温，牧草种子价格也不断攀升，大大调动了生产国的积极性，贸易规模不断扩大。随着国际市场对牧草种子需求加大，牧草种子价格也不断攀升，这极大地激发了牧草种子生产国的潜力，产量大幅增加，出口规模不断扩大。20 世纪 90 年代，国际上出口牧草种子的国家主要是美国、丹麦及加拿大。随着各国对牧草种子需求的增加，不仅传统的牧草种子出口大国加大了出口量，也激发了阿根廷、意大利、法国、新西兰及阿根廷等国家的出口潜力，缓解了国际市场上牧草种子的供给缺口。

参 考 文 献

[1] 范少先，王显国，韩建国，王赟文．中国牧草种子生产现状及需求分析调研报告 [J]．中国奶牛，2011（11）：27-31.

[2] 韩建国．欧盟的牧草种子生产 [J]．世界农业，1997（4）：38-39.

[3] 李青丰，肖彩虹．论我国牧草种子业生产体系中的一些问题 [J]．干旱区资源与环境，2001（S1）：71-74.

[4] 刘亚钊，王明利，杨春，修长柏．中国牧草种子国际贸易格局研究及启示 [J]．草业科学，2012，29（7）：1176-1181.

[5] 毛培胜，侯龙鱼，王明亚．中国北方牧草种子生产的限制因素和关键技术 [J]．科学通报，2016，61（2）：250-260.

[6] 石自忠，王明利，刘亚钊．我国牧草产业国际竞争力分析 [J]．草业科学，2018，35（10）：2530-2539.

草食畜牧业专题

"双碳"目标下中国奶牛产业如何发展?

——基于全产业链视角的奶业碳排放研究[*]

励汀郁　王明利　熊　慧

一、引言

气候变化已成为人类发展面临的最大的非传统安全挑战(胡鞍钢,2021)。习近平总书记明确提出:"我国将采取更加有力的政策和措施,二氧化碳排放力争于 2030 年前达到峰值,努力争取 2060 年前实现碳中和。"控制二氧化碳排放,努力实现碳达峰、碳中和("双碳")目标将成为中国今后社会发展的重要任务。从全球来看,2007~2016 年农业食物系统温室气体排放占总排放的 21%~37%(Rosenzweig et al.,2020),其中畜牧业二氧化碳排放约占总排放的 18%(FAO,2016)。中国作为世界上最大的碳排放国,单位 GDP 能耗是世界平均水平的 1.5 倍、发达国家的 2~3倍(何建坤等,2020),2018 年中国农业生产温室气体排放占世界农业温室气体排放的 11%~12%,其中,农用地排放和动物肠道发酵占农业生产温室气体排放量的 60% 以上(张玉梅等,2021)。中国农业尤其是畜牧业的减排任务尤为繁重。

奶牛产业作为畜牧业中的重要产业,承担着为国民提供优质奶源、满足人民群众日益增长的对美好生活需求的任务。中国牛奶年产量已由 2010年的 3,038.9 万吨增长到 2020 年的 3,440.1 万吨,增长 13.2%。随着奶业振兴行动全面实施,未来我国生鲜乳产量将稳步提高,规模养殖比重将

---

[*] 该成果已发表于《农业经济问题》2022 年第 2 期。

153

不断增长。据中国农业科学院信息所发布的《2021—2030 年中国奶制品市场展望报告》显示，到 2025 年，中国奶类产量达到 3,989 万吨，年均增长 2.3%；2030 年，预计 100 头以上奶牛规模养殖比重将达到 80%，泌乳牛单产水平将突破 10 吨，奶类产量达到 4,389 万吨，年均增速 2.3%。从消费水平来看，2020 年中国人均奶制品消费量 38.11 千克，平均每天 105 克，远未达到《中国居民膳食指南》推荐的每天 300 克标准，不到世界平均水平的 1/3；据测算，到 2030 年，奶制品消费量将达到 6,933 万吨，人均消费量将达 47.90 千克。中国奶业发展和消费市场有着巨大潜力。在需求刚性和减排任务约束下，中国奶业当前碳排放量如何？未来可以通过哪些措施提高牛奶产量并减少产业碳排放？奶业碳排放将在哪年达到峰值？对上述问题的回答，不仅关系到中国奶业未来发展的规划和国内优质奶源的供给，也事关中国"双碳"目标的实现，具有重要的现实意义。

已有不少学者针对如何抑制动物胃肠发酵和粪便管理系统环节产生的碳排放进行了较多研究（如胡向东和王济民，2010；Zhu et al.，2012），这为畜牧业碳减排研究奠定了基础。近些年，学者们逐渐从全产业链角度研究畜牧业碳排放问题（如孟祥海等，2014；姚成胜等，2017），除牲畜养殖环节外，也将饲料粮种植、加工运输以及畜产品加工等环节纳入了考虑，使得碳排放测算结果更加准确。随着国家对碳减排工作的日益重视，对畜牧业碳排放的全面精准测算提出了更高的要求。但鉴于畜牧业生产涉及畜种和生产环节较多，生产过程复杂，当前大多以畜牧业整体作为对象的研究难以覆盖全部畜牧业生产环节，且提出的减排建议较为笼统，难以具体指导减排实践。如何在测算产业碳排放的基础上，提出有效的减排方式，并进一步预测产业碳达峰年份及峰值，是国家"双碳"目标下更为迫切的研究需要。本文以畜牧业中的奶业为例，从奶业全产业链的角度，运用生命周期评估法测算了 2008～2020 年奶业碳排放量，并进一步设计了三种优质牧草日粮模式，估算了不同日粮模式下奶业碳排放状况，及产业碳达峰年份和峰值情况。并据此提出具体的减少中国奶业碳排放量的建议，为助力国家"双碳"目标实现做出贡献。

二、文献综述

（一）碳排放量估算研究

国际上关于碳排放测算的研究较早，已经形成了完善的测算体系，许多国家均制定和发布了温室气体排放清单。如美国能源信息署、国际能源署分别估算了全世界范围内多个国家1949～2011年化石能源消费、20世纪90年代以来碳排放量数据（EIA，2018；IEA，2018），为碳排放研究提供了数据基础。在联合国政府间气候变化专门委员会（intergovernmental panel on climate change，IPCC）颁布的《2006年IPCC国家温室气体清单指南》的基础上，中国也建立了自己的综合排放清单，涵盖能源活动、农业活动、工业生产、土地利用和林业及废弃物处理五大领域（国家发展改革委，2013），用以测算国内不同领域的碳排放情况。

国内学者也针对碳排放量估算问题展开了大量的研究。高树婷等（1994）估算了1990年中国能源、工业及农业排放的温室气体排放量，是中国早期比较完整的碳排放量估算研究。随着研究的进一步深入，学者们对碳排放的估算逐步从全国层面细分到地区层面。单等（Shan et al.，2016）采用IPCC系数法对2000～2012年中国各省碳排放总量作出估算，结果显示从2000～2012年，各省二氧化碳排放总量从31.6亿吨增加到了85.83亿吨。也有学者从不同产业的角度选取估算碳排放量。如刘红光（2010）估算得出建筑业和机械设备制造业占当年碳排放总量的51.2%。此外，学者们也对碳排放量增长的驱动因素进行了研究。如董文超等（2014）从市场需求拉动角度估算碳排放量，指出居民和投资是碳排放量增加的两大主要原因。

（二）畜牧业碳排放量估算研究

畜牧业是全球温室气体排放的主要来源，长期以来学者对畜牧业碳排放问题十分关注。研究热点主要集中在两方面：宏观层面上对畜牧业碳排放量进行估算，分析地区间差异及变化趋势；微观层面上剖析畜牧业碳排放产生的内在机理并提出减排路径。畜牧业碳排放量的估算方法，经历了从 OECD 估算公式、IPCC 系数法和生命周期法（LCA 评价方法）的发展与演变。IPCC 系数法和生命周期法是当前畜牧业碳排放问题研究的主流方法。

IPCC 系数法是根据 IPCC 公布的温室气体排放因子，主要考虑动物肠道发酵与粪便管理环节中温室气体的排放，对畜牧业碳排放量进行估算（师帅等，2017）。奥密斯基等（Ominski et al.，2007）运用 IPCC 系数法估算出加拿大每年每头奶牛的碳排放量为 90 千克，每千克牛奶二氧化碳排放量约为 1 千克、甲烷排放量约为 19.31 千克。郭东生（2020）运用此方法测算了 2016 年中国 31 个省（区、市）主要畜禽品种甲烷排放总量，结果显示肠道发酵甲烷排放量占比 74.9%。陈瑶和尚杰（2014）也运用该方法对中国畜牧业碳排放量进行了估算，结果显示 2001～2011 年畜牧业碳排放量整体呈现略微上升趋势。

生命周期评价方法（LCA 方法）基于碳排放系数，在界定系统边界的基础上核算碳足迹，评价范围涵盖原材料获取、产品生产、加工、运输，直至消费使用的整个环节。该方法延长了碳排放量估算链条，使碳排放量估算更加全面。泽瓦斯等（Zervas et al.，2012）运用此方法估算得出，欧盟 27 个成员国每千克畜禽产品碳足迹按从大到小排序分别为牛肉、羊肉、猪肉、禽肉以及鸡蛋。针对四川省家庭农场的测算结果表明，规模养殖场生产的猪肉的碳足迹为 4.29 千克 CO_2 当量，而散养的猪肉碳足迹为 5.42 千克 CO_2 当量（Luo et al.，2015）。

（三）奶牛产业碳排放研究

国外学者对奶牛碳排放量估算主要使用 IPCC 系数法和生命周期法进行估算。普拉多等（Prado et al.，2013）运用生命周期评价方法估算出西班牙奶牛养殖场的碳足迹约为 0.84～2.07 千克 CO_2 当量。白玫等（2017）测算北京 8 家规模化奶牛养殖企业碳排放得出每生产 1 千克牛奶约排放 0.95 千克 CO_2，且肠道发酵排放量占总量的 77.65%。王效琴等（2012）发现奶牛肠道发酵甲烷排放、饲料生产、粪便贮存环节碳排放量分别占整个系统的 48.86%、18.97%、16.39%。

针对奶牛产业碳减排措施，学者主要从改善饲料结构、提高养殖技术等角度展开研究。如娜仁花等（2010）研究结果表明适当提高饲料中精饲料的比例对减少奶牛甲烷排放量效果显著。刘树军（2011）研究发现奶牛食用苜蓿干草后产生的甲烷排放量比食用玉米秸秆少。张婷婷（2011）、托普拉克（Toprak，2015）研究发现适当添加甲烷抑制剂、油脂等可改善瘤胃发酵，减少肠道发酵产生的甲烷排放。戈伯等（Gerber et al.，2011）指出奶牛养殖场的管理方式会对奶牛产业碳排放量产生影响，提高奶牛生产性能可以有效减少奶牛产业碳排放量。

（四）文献述评

当前关注碳排放问题的研究较多，学者们主要运用 IPCC 系数法和生命周期法对各产业的碳排放进行测算，但由于排放系数的差异、生产环节选取的差异，导致不同学者的计算结果间存在一定差异。且当前研究大多基于已有数据测算碳排放状况，未能进一步测算未来不同养殖情景下产业的碳排放情况，也没能提出产业碳达峰时间及峰值，对指导实际碳减排工作缺乏支撑。

本文在已有研究基础上，从奶业全产业链的角度，运用生命周期评价法对 2008～2020 年奶牛产业主要环节的碳排放量进行了测算，所用排放系数以国家发改委（2011）出版的《省级温室气体清单编制指南》为基础，更符合中国实际。并在此基础上，提出了三种优化奶牛日粮的优质饲草日粮模式，测算了不同日粮模式下到 2030 年的奶业碳排放情况，进一步预测了不同模式下奶业碳达峰年份及峰值。相比于现有研究，本文明确提出了奶业碳减排模式及未来奶业碳排放情况，预测了奶业碳达峰年份及峰值，可丰富现有研究，并对奶业碳减排工作提供一定借鉴。

三、奶业碳排放环节梳理及碳排放系数界定

本文以奶业碳排放量为研究对象，从奶业全产业链角度，运用生命周

期评价法计算中国奶业 2008～2020 年碳排放量情况，并分析不同情景下奶业碳达峰及峰值情况，据此提出中国奶业未来减排建议。为准确衡量奶业碳排放，需要对碳排放环节及各环节碳排放系数进行准确界定。

（一）碳排放环节

结合奶业的生产实际及已有研究基础（如甘雨田，2019；王效琴等，2012），本文所指奶业为全产业链的奶业，为广义的畜牧业生产概念，涉及前畜牧业植物生产层、畜牧业生产层和后畜牧业加工层三个层面（见图 1）。其中前畜牧业植物生产层对应种植业，主要是生产并提供畜牧业所需的植物能。在粮食种植过程中，化肥、农膜、能耗及其他生产活动均会产生温室气体排放，因此在前畜牧业植物生产层，饲料粮种植和饲料粮运输加工环节为主要的碳源，而植物光合作用和土地固氮等效应为主要的碳汇系统；

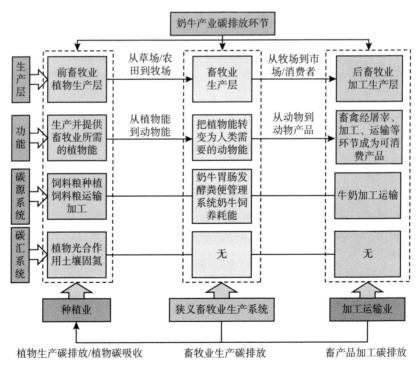

图 1　奶牛产业碳排放环节

畜牧业生产层对应狭义畜牧业生产系统,是将植物能转变为人类所需动物能的环节。在这一环节中,奶牛胃肠发酵、粪便管理和奶牛的饲养耗能为主要的碳源;后畜牧业加工生产层,是将畜禽经过屠宰、加工、运输等将动物制成动物产品,以供应给消费者。牛奶产品的加工运输环节为这一层面的主要碳源。综上,本文按照生命周期理论将中国奶业碳排放量分为奶牛饲料粮种植、奶牛饲料粮运输加工、奶牛胃肠发酵、粪便管理系统、奶牛饲养耗能和牛奶产品加工环节六大碳源环节和植物碳吸收这一碳汇环节。

(二)碳排放系数

奶业碳排放量主要包括 CO_2、CH_4 和 N_2O 的排放,为便于加总和比较,将 CH_4 和 N_2O 乘以对应的全球升温潜能值转化成对应的 CO_2 当量数据,最终得到奶业 CO_2 排放当量,即为本文所指奶业碳排放量。

现有大部分研究所用温室气体排放系数为 IPCC(2006)制定的温室气体排放系数,由于 IPCC 温室气体排放系数是以一个大洲的数据为依据进行测算,部分数据与中国国情有较大出入。因此,为更准确地衡量中国奶业的温室气体排放,在 IPCC(2006)提供的数据基础上,本文参照了国家发展改革委(2011)出版的《省级温室气体清单编制指南》以及国内学者的研究数据,确定了本文涉及奶业各环节温室气体排放系数(见表1),该温室气体排放系数表更符合中国奶业生产实际,更能准确地反映中国奶业生产的碳排放量。

表1　　　　　　　　奶牛产业各环节温室气体排放系数

环节	符号	碳源排放	排放系数		参考来源
			数值	单位	
饲料粮种植	e_{fu1}	玉米 CO_2 当量排放系数	1.50	吨/吨	谭秋成(2011)
饲料粮运输加工	e_{fu2}	玉米 CO_2 当量排放系数	0.0102	吨/吨	FAO(2006)
		大豆 CO_2 当量排放系数	0.1013	吨/吨	
		小麦 CO_2 当量排放系数	0.0319	吨/吨	

续表

环节	符号	碳源排放	排放系数		参考来源
			数值	单位	
奶牛胃肠发酵	e_{f1}	CH_4 排放系数	92.30	千克/头/年	国家发展改革委（2011）
粪便管理系统	e_{f2}	CH_4 排放系数	6.49	千克/头/年	国家发展改革委（2011）
	e_{f3}	N_2O 排放系数	1.675	千克/头/年	
	$price$	奶牛养殖电费单价	0.4275	元/千瓦时	
奶牛饲养耗能	ef_e	电能消耗 CO_2 排放系数	0.9734	吨/毫瓦小时	《全国农产品成本收益资料汇编》《中国能源统计年鉴》
	$price$	奶牛养殖煤费单价	800	元/吨	
	ef_c	煤炭燃烧 CO_2 排放系数	1.98	吨/吨	
牛奶产品加工	MJ	牛奶产品加工耗能系数	1.12	兆焦耳/千克	王效琴等（2012）、国家发展改革委（2012）
	e	一度电热值	3.60	兆焦耳/千瓦时	
碳汇系统	C_k	玉米碳吸收率	0.471	—	田云和张俊飚（2013）
	r	玉米含水量	13%	—	田云和张俊飚（2013）
	Y_k	作物经济产量	统计值	吨	《全国农产品成本收益资料汇编》
	H_k	玉米经济系数	0.40	—	田云和张俊飚（2013）
其他系数	ghp_1	CH_4 全球升温潜能值	21	—	孙亚男等（2010）
	ghp_2	NO_2 全球升温潜能值	310	—	

四、奶牛产业碳排放量测算

本文按照生命周期理论将中国奶业碳排放量分为奶牛饲料粮种植、奶牛饲料粮运输加工、奶牛胃肠发酵、粪便管理系统、奶牛饲养耗能、牛奶产品加工环节和植物碳汇环节进行碳排放量估算。其中，奶牛年末存栏量、牛奶年产量数据来自《中国农村统计年鉴》,每头奶牛耗粮数量、主产品产量、电费、煤费数据来自《全国农产品成本收益资料汇编》《中国能源统计年鉴》。计算过程中主要参数如表1所示,计算公式中符号及单位如表2所示。

表2 奶牛产业计算公式中各环节符号含义

符号	含义	单位
Ecp	奶牛饲料粮种植环节 CO_2 排放量	万吨
Egp	奶牛饲料粮种植环节 CO_2 排放量	万吨
Eef	奶牛胃肠发酵环节 CO_2 排放量	万吨
Emm	粪便管理系统环节 CO_2 排放量	万吨
Edh	奶牛饲养耗能环节 CO_2 排放量	万吨
Emp	牛奶产品加工环节 CO_2 排放量	万吨
Cs	植物及土壤吸收 CO_2 量	万吨
Q	牛奶年产量	万吨
m	单位牛奶产品的耗量系数,即每头奶牛耗量数量和主产品产量之比	—
r_u	奶牛饲料配方里 μ 类粮食所占比例,其中玉米占46.79%,豆粕占28.56%,麦麸占18.03%(谢鸿宇等,2009)	—
i_u	粮食的分配系数,豆粕和麦麸仅为大豆和小麦的副产品,因此大豆和小麦在运输过程中产生的温室气体应按一定系数分配给豆粕和麦麸,分配系数分别为0.6和0.1,玉米不需要分配,系数为1(王效琴等,2012)	—
aap	奶牛年均饲养量。由于奶牛饲养周期往往大于或等于一年,因此将奶牛年末存栏量视为奶牛年均饲养量	万头
$cost_e$	奶牛饲养所耗电费	元/头
$cost_c$	奶牛饲养所耗煤费	元/头

(一)奶业碳排放各环节测算

饲料粮种植环节。当前的奶牛饲料可分为粗饲料和精饲料,其中粗饲料主要由干草、秸秆、青绿饲料和青贮饲料组成,精饲料主要由玉米、豆粕和麦麸组成。由于部分数据难以获取，本文在此部分只计算精饲料种植引起的碳排放量。在粮食种植过程中，化肥、农膜、能耗及其他生产活动均会产生温室气体排放。奶牛饲料粮种植环节产生的 CO_2 排放量计算公式为式（1）：

$$Ecp = \sum_{\mu=1}^{n} Q \times m \times r_u \times e_{fu1} \qquad (1)$$

由于豆粕和麦麸仅是大豆、小麦的副产品，因此在核算过程中未将其纳入考虑，只计算了奶牛饲料中玉米种植的碳排放。

饲料粮运输加工环节。玉米、大豆和小麦等原料要经过运输、配料、制粒等环节后才能成为奶牛饲料，在饲料加工运输过程中产生的 CO_2 排放量计算公式为式（2）：

$$Egp = \sum_{\mu=1}^{n} Q \times m \times r_u \times e_{fu2} \times i_u \qquad (2)$$

胃肠发酵环节。奶牛属于反刍动物，瘤胃发酵会产生大量的 CH_4，CH_4 也是重要的温室气体，可按一定的比例转换为 CO_2 量，其计算公式为式（3）：

$$Eef = aap \times e_{f1} \times ghp_1 \qquad (3)$$

粪便管理系统环节。奶牛粪便在厌氧条件下降解主要产生 CH_4，在有氧条件下降解主要产生 N_2O，转化为 CO_2 排放量为式（4）：

$$Emm = aap \times e_{f2} \times ghp_1 + aap \times e_{f3} \times ghp_2 \qquad (4)$$

饲养耗能环节。在奶牛养殖过程中，自动饲喂、挤奶、粪污处理等设备都需要消耗一定的电力、煤炭等资源，电力和煤炭使用均会排放 CO_2，其计算公式为式（5）：

$$Edh = aap \times \frac{cost_e}{price_e} \times ef_e + aap \times \frac{cost_c}{price_c} \times ef_c \qquad (5)$$

产品加工环节。牛奶在以商品形式出售之前，需要经过冷却、杀菌、包装等环节，也会产生一定的 CO_2，排放量计算公式为式（6）：

$$Emp = Q \times \frac{MJ}{e} \times ef_e \qquad (6)$$

农作物碳汇系统。农作物碳汇情况估算针对农作物生长过程的光合作用对大气碳的固定，根据李克让（2000）的估算方法，可根据不同种类作物经济系数和碳吸收率来估算作物生育期内对碳的吸收计算公式为式（7）：

$$Cs = C_k \times Y_k \times (1 - r)H_k \qquad (7)$$

（二）奶业碳排放总量测算

将奶业 6 个碳源环节的 CO_2 排放量加总，即可得到奶业碳排放总量（见表3）。中国奶业碳排放量近 10 多年来总体经历了"快速上升—波动上升—急剧下降—缓慢增长"的过程：（1）2008～2010 年奶业碳排放量快速上升，较 2008 年、2010 年碳排放量增长了 591.86 万吨 CO_2 当量，增长率 12.5%。主要原因为 2008 年三聚氰胺事件后，奶业生产遭受重大打击，随后几年慢慢复苏，牛奶年产量开始回升，产业碳排放量也随着增加。（2）2010～2015 年，奶业碳排放量呈波动上升趋势，中间部分年份碳排放量有所下降，但总体仍呈上升态势，2015 年碳排放量较 2010 年增长了 6.9%。在这一时期，国家全方位规划奶业布局，如自 2012 年起实施振兴奶业苜蓿发展行动，启动奶农培训计划，带动了中国奶业的发展，但由于奶牛生产方式较为粗放，这一时期奶业碳排放量也有明显增加。（3）2015～2016 年奶业碳排放量下降了 25.4%，下降明显。这主要是由于 2016 年奶牛存栏量和牛奶总产量明显下降，导致产业整体碳排放量下降。（4）2016～2020 年，奶业碳排放量缓慢增长。这一时期国家对环保减排要求逐渐提高，引导畜禽养殖业向绿色、循环和低碳方向发展，碳排放量缓慢增长。在考虑农作物碳汇系统的碳吸收功能后，可得到中国奶业的碳净排放量，总体上也呈现出与碳总排放量类似的波动趋势。

表3 2008～2020 年奶牛产业各环节碳排放状况

年份	Etotal（万吨 CO_2 当量）	Ecp（万吨 CO_2 当量）	Egp（万吨 CO_2 当量）	Eef（万吨 CO_2 当量）	Emm（万吨 CO_2 当量）	Edh（万吨 CO_2 当量）	Emp（万吨 CO_2 当量）	每吨 FPCM 碳排放量（吨）	Cs（万吨 CO_2 当量）	产业净排放（万吨 CO_2 当量）
2008	4,746.6	1,129.5	36.5	2,390.9	808.61	380.2	0.91	1.79	-1,710.9	3,035.7
2009	4,792.1	1,111.6	35.9	2,442.8	826.18	374.7	0.91	1.81	-1,770.7	3,021.4

续表

年份	Etotal（万吨 CO_2 当量）	Ecp（万吨 CO_2 当量）	Egp（万吨 CO_2 当量）	Eef（万吨 CO_2 当量）	Emm（万吨 CO_2 当量）	Edh（万吨 CO_2 当量）	Emp（万吨 CO_2 当量）	每吨 FPCM 碳排放量（吨）	Cs（万吨 CO_2 当量）	产业净排放（万吨 CO_2 当量）
2010	5,338.5	1,144.0	37.0	2,752.6	930.93	473.0	0.92	2.00	-1,990.9	3,347.6
2011	5,369.0	1,128.4	36.5	2,791.5	944.11	467.6	0.94	1.96	-1,950.3	3,418.7
2012	5,672.4	1,186.0	38.4	2,895.6	979.31	572.1	0.96	2.03	-2,102.4	3,570.0
2013	5,420.0	1,118.9	36.2	2,793.1	944.63	526.3	0.91	2.05	-2,044.8	3,375.2
2014	5,695.9	1,197.3	38.7	2,905.7	982.72	570.5	0.96	2.04	-2,166.3	3,529.6
2015	5,711.8	1,186.3	38.4	2,921.4	988.03	576.7	0.96	2.04	-2,155.3	3,556.5
2016	4,260.8	1,119.9	36.2	2,010.0	679.79	413.8	0.93	1.58	-1,481.5	2,779.3
2017	4,375.9	1,110.1	35.9	2,092.9	707.85	428.1	0.92	1.63	-1,556.1	2,819.8
2018	4,239.8	1,097.5	35.5	2,011.4	680.25	414.2	0.93	1.57	-1,511.3	2,728.5
2019	4,316.9	1,151.9	37.3	2,024.9	684.84	417.0	0.97	1.53	-1,538.6	2,778.3
2020	4,653.1	1,251.4	40.5	2,176.1	735.95	448.1	1.04	1.53	-1,776.9	2,876.2

注：国家统计局根据第三次农业普查，自 2018 年起调整了 2006 年以来的奶产量数据，其中 2017 年牛奶产量数据调整为 3,038.6 万吨，比初步统计数少了 506.7 万吨。调整后的数据更符合中国奶业实际，本文所用数据均为调整后数据。

从中国奶业 10 多年的碳排放总量来看，由于受到中国乳制品行业"奶荒""奶剩"的周期影响，牛奶产业碳排放量存在较为明显的升降周期，仅碳排放量总量这一指标难以反映出中国奶业碳排放趋势，因此在表 3 中引入了单位原奶碳排放量这一指标。从该指标来看，2010～2015 年中国奶业处于粗放发展阶段，单位原奶碳排放量快速增长，随后国家对畜禽养殖业环保要求提高，淘汰了一大批不符合养殖规范的养殖场户。自 2016 年起，单位原奶碳排放量开始快速下降，直到 2018～2020 年，每吨原奶碳排放量开始稳定在 1.35 吨 CO_2 当量左右，按脂肪和蛋白质纠正的原奶（FPCM）碳排放量为 1.53 吨 CO_2 当量 FPCM，高于同样生产环节下欧洲国家原奶生产的排放量 0.93～1.4 吨 CO_2 当量 FPCM（Vries，2010；FAO，2011）。当前中国单位原奶碳排放量较高，与奶牛养殖业普遍存在的饲料营养结构不均、养殖模式粗放和粪便管理不当等多种因素有关，尤其是奶牛日粮饲料结构的不合理使得中国奶牛主产品产量较低，2019 年奶牛主产品产量仅为 6 吨左右。此外，历年奶牛胃肠发酵产生的 CO_2 排放量占总排放量的 45% 以上，传统的秸秆型畜牧业容易加重奶牛胃肠消化负担，导致胃肠发酵排放 CO_2 量较多。

从奶业碳排放的环节来看，每个环节都可采取一定的措施来减少碳排放量，如通过规模化养殖来减少饲养耗能环节碳排放、优化粪便管理来减少粪便碳排放。从长远来看，增加奶牛主产品产量、减少胃肠发酵等主要环节的碳排放，将是今后为减少中国奶业碳排放，助力国家"双碳"目标实现可采取的重要措施。本文下一部分将计算在不同的奶牛日粮结构情景下，中国奶业产业未来的碳排放情况，并预测特定情景下奶业的碳达峰年份及峰值，以期为奶业减排提供借鉴。

五、奶牛日粮优化情景模拟及碳达峰预测

长期起来中国奶业建立在劣质饲草（秸秆）畜牧业的基础上，奶牛日粮饲料结构以"劣质饲草（秸秆）+精饲料"为主，这就导致奶牛饲料的粗蛋白质、相对饲用价值不足，进行影响奶牛的产奶量和牛奶乳蛋白、乳脂肪含量。许多专家提出（如李志强，2014；王明利，2010），中国奶牛粗饲料多用玉米秸秆和天然羊草，营养价值很低，精饲料用量相对过高，日粮中缺乏优质苜蓿干草，一方面加大了牛奶生产成本，另一方面限制了奶牛生产潜力的发挥。结合欧美一些奶业大国的养殖经验，以苜蓿等优质饲草代替部分精饲料，可以显著提高奶牛单产量，进而减少单位原奶的碳排放量。本章节将基于不同的奶牛日粮饲料结构，预测不同情景下中国奶业碳排放及产业碳达峰情况。

（一）不同情景下奶业碳排放情况

基准情景（BS）。按照中国农科院信息所发布的《2021—2030 年中国奶制品市场展望报告》预测，到 2021 年、2025 年和 2030 年中国奶类产量

将达到 3,591 万吨、3,989 万吨和 4,389 万吨。以当前中国奶牛养殖中主流的"劣质饲草（秸秆）+ 精饲料"的日粮饲养模式作为基准情景，若未来奶牛养殖日粮模式不进行优化，按照式（1）~式（6）进行计算，2021 年、2025 年和 2030 年奶业碳排放量将达到 4,857.15 万吨 CO_2 当量、5,395.49 万吨 CO_2 当量和 5,936.52 万吨 CO_2 当量，2030 年每吨 FPCM 碳排放量为 1.53 吨 CO_2 当量。

以优质苜蓿干草日粮为基础的奶牛业生产体系是区别于传统的劣质饲草（秸秆）型奶牛业生产体系的一种适应现代化奶业生产的体系。根据相关专家测算，苜蓿种植中苜蓿干物质 CO_2 当量排放系数为 0.27 吨/吨（刘松等，2018），在奶牛日粮中添加部分苜蓿，奶牛胃肠发酵过程中 CH_4 排放系数为 70.3 千克/头（刘树军等，2011）。这两个系数均低于劣质饲草（秸秆）畜牧业生产中饲料种植 CO_2 排放系数和奶牛胃肠发酵 CH_4 排放系数，有利于减少奶业碳排放。据此，为提高奶牛单产水平，减少碳排放，需将中国奶牛日粮结构逐渐由"劣质饲草（秸秆）+ 高精料"模式向"优质饲草 + 低精料"模式转变，李志强等（2003）提出在高产奶牛饲料中添加 3~9 千克苜蓿干草能显著提高奶牛产奶量，以奶牛饲料中分别添加 3 千克、6 千克和 9 千克苜蓿干草为日粮优化情景，测算奶业碳排放情况。

在考虑玉米等农作物碳汇的基础上，在奶牛饲料中加入部分苜蓿干草后，需进一步考虑苜蓿草地的碳汇作用。借鉴任继周等（2011）提出的按每 2.2 克干草约等于 1 克碳吸收换算，及 IPCC（2006）指出的草地固碳能力为 1.3 吨/公顷，以中等土地每亩生产 500 千克苜蓿干草（张英俊，2019）为依据进行苜蓿草地碳汇计算。

日粮优化情景（A1）。在奶牛日粮中添加 3 千克干苜蓿，可以减少 1.5 千克精料，日产鲜奶可增加 1.5 千克（王明利，2010）。按照式（1）~式（6）进行计算，在 A1 下，2021 年、2025 年和 2030 年奶业碳排放量将达到 4,262.01 万吨 CO_2 当量、4,740.33 万吨 CO_2 当量和 5,221.06 万吨 CO_2 当量。到 2030 年每吨牛奶的碳排放量约为 1.12 吨 CO_2 当量，每吨 FPCM 碳排放量为 1.27 吨 CO_2 当量。

日粮优化情景（A2）。在低产牛[①]奶牛日粮饲料中添加3千克苜蓿干草，中高产牛日粮饲料中添加6千克苜蓿干草。平均可以减少2千克精料，日产鲜奶可增加3.7千克（李志强等，2003；王明利 2010）。在A2下，2021年、2025年和2030年奶业碳排放量将达到4,349.17万吨CO_2当量、4,827.50万吨CO_2当量和5,308.23万吨CO_2当量。到2030年每吨牛奶的碳排放量约为1.04吨CO_2当量，每吨FPCM碳排放量为1.18吨CO_2当量。

日粮优化情景（A3）。在低产牛奶牛日粮饲料中添加3千克苜蓿干草，中产牛日粮饲料中添加6千克苜蓿干草，高产牛日粮饲料中添加9千克苜蓿干草。平均可以减少3千克精料，日产鲜奶可增加5.9千克（李志强等，2003）。在A3下，2021年、2025年和2030年奶业碳排放量将达到4,365.91万吨CO_2当量、4,844.24万吨CO_2当量和5,324.97万吨CO_2当量。到2030年每吨牛奶的碳排放量约为0.96吨CO_2当量，每吨FPCM碳排放量为1.08吨CO_2当量。

从上述三类日粮优化情景下碳排放（见表4）情况可以看到，在A1情景下，2030年每吨FPCM碳排放量比BS情景下减少0.26吨CO_2当量，减少了17.0%；在A3情景下，2030年每吨FPCM碳排放量比BS情景下减少0.45吨CO_2当量，减少了29.4%，其中饲料粮运输环节碳排放减少了25.6%，奶牛胃肠发酵环节碳排放减少了23.8%。这表明，在牛奶日粮饲料中添加部分优质苜蓿，可以有效减少单位原奶碳排放量，尤其是针对低、中、高产量的奶牛添加不同数量的苜蓿干草，取得的效果会更加明显。从考虑农作物及草地碳汇后的奶业净碳排放值中可以看出，在奶牛饲料中添加一定量的苜蓿干草，可以明显降低产业的碳排放量，在A3情景下，到2030年，考虑草地的碳汇作用后，产业净排放仅有260.3万吨CO_2当量。

---

① 按照实地调研经验及有关专家意见，产奶牛一般占奶牛全群的55%，泌乳牛中1/3为低产牛，1/3为中产牛，1/3为高产牛（王明利，2010）。日产奶10～20千克低产牛；日产奶20～30千克中产牛；日产奶30千克以上高产牛（李志强，2014）。

表 4 　　　　　　　　　　不同日粮模式下奶牛产业碳排放情况

日粮情景	2021 年（万吨 CO_2 当量）	2025 年（万吨 CO_2 当量）	2030 年（万吨 CO_2 当量）	2030 年每吨 FPCM 碳排放量（吨 CO_2 当量）
BS	4,857.2 (2,921.0)	5,395.5 (3,006.4)	5,936.5 (3,044.3)	1.53
A1	4,262.0 (1,834.5)	4,740.3 (1,805.4)	5,221.1 (1,728.3)	1.27
A2	4,349.2 (1,228.2)	4,827.5 (1,122.2)	5,308.2 (967.8)	1.18
A3	4,365.9 (652.4)	4,844.2 (480.8)	5,324.9 (260.3)	1.08

注：括号内数值为考虑农作物及草地碳汇后的奶业净碳排放量。

（二）奶业碳达峰及峰值预测

奶业碳达峰情况跟奶牛产量密切相关。随着人民日益增长的美好生活需要，对优质肉蛋奶的需求也在逐年增加，当前中国居民人均奶制品消费量不到世界平均水平的1/3，有极大的增长空间。由于人均牛奶消费量不仅受到国内牛奶产量的影响，也受到牛奶进出口的影响，以人均牛奶消费量作为预测指标有较大的不确定性，因此本文以国内人均牛奶占有量为依据进行奶业碳达峰年份及峰值预测。据国务院 2019 年发布《中国的粮食安全》白皮书显示，2018 年中国人均牛奶占有量为 22.1 千克，约为世界平均水平的 1/5，据推算，2020 年中国人均牛奶占有量约为 24 千克，考虑到中国人口众多的事实，以人均牛奶占有量翻番，达到世界平均水平的一半左右为国内牛奶供给峰值，则国内人均牛奶达到 48 千克/人，国内牛奶产量将达到 6,776.54 万吨。以此为标准，测算不同模式下奶业碳达峰及峰值情况。

基准情景（BS）。按照中国农科院信息所发布的《2021—2030 年中国奶制品市场展望报告》中奶类产量年均增速 2.3% 为依据计算，若不改变当前"劣质饲草（秸秆）+ 精饲料"模式下，约在 2048 ~ 2049 年达到牛奶产业碳排放峰值，碳排放总量约为 9,165.88 万吨 CO_2 当量。

日粮优化情景（A1）。以 2015 年为基准年，在 A1 情景下拟合牛奶产量趋势线：$y = 3.7733 \times (x - 2015)^2 + 33.662 \times (x - 2015) + 3,404.6$（$R^2 = 0.9188$）。约在 2040~2041 年达到牛奶产业碳排放峰值，碳排放总量约为 7,740.00 万吨 CO_2 当量。

日粮优化情景（A2）。以 2015 年为基准年，在 A2 情景下拟合牛奶产量趋势线：$y = 3.8504 \times (x - 2015)^2 + 32.15 \times (x - 2015) + 3,836.2$（$R^2 = 0.904$）。约在 2038~2039 年达到牛奶产业碳排放峰值，碳排放总量约为 7,256.72 万吨 CO_2 当量。

日粮优化情景（A3）。以 2015 年为基准年，在 A3 情景下拟合牛奶产量趋势线：$y = 3.9275 \times (x - 2015)^2 + 30.638 \times (x - 2015) + 4,267.8$（$R^2 = 0.8876$）。约在 2036~2037 年达到牛奶产业碳排放峰值，碳排放总量约为 6,815.92 万吨 CO_2 当量。

从表 5 中可知，A1、A2 和 A3 情景均可明显缩短奶业碳达年份并降低排放峰值。按照 A3 情景，为使中国人均牛奶占有量翻番，国内奶业将在 2036~2037 年实现碳达峰，比 BS 情景下缩短了 12 年，排放峰值减少了 2,349.96 万吨 CO_2 当量，减少 25.6%。考虑农作物及草地碳汇后的奶业净碳排放量，在 A1、A2 和 A3 情景下，草地碳汇可有效中和奶业碳排放。

表5   不同日粮模式下奶牛产业碳达峰年份及峰值   单位：万吨 CO_2 当量

不同日粮情景	达峰年份	排放峰值
BS	2048~2049	9,165.9 (2,271.2)
A1	2040~2041	7,740.0 (-9.21)
A2	2038~2039	7,256.7 (-932.9)
A3	2036~2037	6,815.9 (-1,679.8)

注：括号内数值为考虑农作物及草地碳汇后的奶业净碳排放量。

（三）奶牛日粮优化方案的可行性

优化奶牛日粮，对苜蓿等优质饲草有大量需求，国家相继出台了"振兴奶业苜蓿发展行动计划"、《全国苜蓿产业发展规划（2016—2020 年）》等方案政策，支持苜蓿等优质饲草种植，确保国家奶业发展。在确保粮食安全与口粮供给的大环境下，苜蓿等优质牧草的种植并不会与粮争地。据张英俊（2019）测算，中国如果将饲料粮（主要是玉米）减少 2,500 万吨，以中等土地每亩生产 500 千克玉米计算，可以减少占用 5,000 万亩玉米地，以中等土地每亩生产 500 千克苜蓿干草，可生产 2,500 万吨优质苜蓿干草，按每头奶牛每天 3 千克苜蓿干草，可供 2,500 万头奶牛 1 年苜蓿的需求。因此，将奶牛日粮中部分精饲料替换为苜蓿干草具有实际可行性，且按照上文测算，加入苜蓿饲草可显著降低奶业整体的碳排放量及碳排放峰值。除生态意义外，优质饲草畜牧业还能带来更多的经济效益。奶牛饲喂优质苜蓿后平均单产提高 1,047 千克，生鲜乳乳脂率提高 0.22 个百分点，乳蛋白率提高 0.11 个百分点，奶牛代谢类疾病发病率降低 39.6%，一头泌乳牛年可增收 1,289 元[①]。

六、结论及政策建议

（一）结论

本文基于全产业链视角，运用生命周期评价法对 2008～2020 年中国奶业碳排放进行测算，结果表明过去十多年中国奶业碳排放呈现"快速上升—波动上升—急剧下降—缓慢增长"的趋势，年均碳总排放量为 4,968.7 万吨 CO_2 当量，其中奶牛胃肠发酵产生的 CO_2 排放量占总排放量的 45% 以上；从单位原奶碳排放量指标来看，2010～2015 年中国奶业单位原奶碳排放量快速增长，2018～2020 年，每吨 FPCM 碳排放量为 1.53

---

① 数据来源：《全国苜蓿产业发展规划（2016—2020 年）》的通知。

吨 CO_2 当量,仍明显高于同样生产环节下欧美国家单位原奶碳排放量。

发展优质饲草畜牧业可明显降低单位原奶碳排放量。据本研究测算,与当前"劣质饲草(秸秆)+精饲料"日粮模式相比,在奶牛日粮中加入不同数量苜蓿干草,可有效降低奶业碳排放量。在低、中、高产奶牛日粮饲料中分别添加 3 千克、6 千克和 9 千克苜蓿干草,2030 年每吨 FPCM 碳排放量将比"劣质饲草(秸秆)+精饲料"日粮模式下减少了 29.4%。此外,若以中国人均牛奶占有量翻番为奶业发展目标,在优质饲草畜牧业模式下,碳达峰时间在 2036 ~ 2037 年,比传统模式提前 12 年,排放峰值减少 25.6%。考虑农作物及草地碳汇后的奶业净碳排放量,在 A1、A2 和 A3 情景下,草地碳汇可有效中和奶业碳排放。

(二) 政策建议

基于此,本文提出以下几点政策建议,以减少中国奶业碳排放,助力国家"双碳"目标实现。

优化饲草料种植结构,大力发展苜蓿等优质饲草,优化奶业现有的"劣质饲草(秸秆)+精料的日粮"喂养方式,以适量优质牧草干草代替部分精饲料,优化奶牛日粮结构,发展优质饲草畜牧业,从而减少奶业碳排放。

坚持草畜结合,发展循环农业。对奶牛养殖小区或规模化养殖场周边配套苜蓿种植基地,实现草畜结合和循环农业。对达到标准的养殖小区或者养殖场,国家可以给予一定的政策扶持或奖励。

鼓励各养殖场户通过提高饲养和管理水平来提高奶牛单产,并在单产提高的基础上逐步减少奶牛总体存栏量,在保证产奶总量不变的情况下逐步减低奶业碳排放量。

通过更高效地利用作物、减少兽药使用、施用生物有机肥,探索奶牛养殖饲料和畜禽粪污的循环利用,最终达到"0"废弃物,以降低奶业碳排放。

本文为预测奶业碳达峰年份及排放峰值,采用了人均牛奶占有量的指标,并以占有量翻番作为奶业达峰目标,对养殖综合效率的提高、国家政策要求等外界因素影响缺乏考虑。此外，受限于数据等可得性，对种植业、草地碳汇作用的分析不够深入，且未考虑进出口等因素的影响，这些都需要在下一步研究中加以完善。

参 考 文 献

［1］白玫，马文林，吴建繁等 . 北京规模化奶牛养殖企业温室气体排放量评估［J］. 家畜生态学报，2017，38（5）：78 – 85.

［2］陈瑶，尚杰 . 中国畜牧业脱钩分析及影响因素研究［J］. 中国人口·资源与环境，2014，24（3）：101 – 107.

［3］董文超，赵健艾，张泽宜 . 最终需求拉动下的中国碳排放研究［J］. 自然资源学报，2014，29（5）：769 – 778.

［4］甘雨田 . 中国奶牛产业碳排放量估算及影响因素研究［D］. 哈尔滨：东北农业大学，2019.

［5］高树亭，张慧琴，杨礼荣等 . 我国温室气体排放量估测初探［J］. 环境科学研究，1994，7（6）：56 – 59.

［6］郭冬生 . 基于 IPCC 排放系数估测主要畜禽甲烷温室气体排放量［J］. 家畜生态学报，2020，41（9）：65 – 69.

［7］郭冬生 . 基于 IPCC 排放系数估测主要畜禽甲烷温室气体排放量［J］. 家畜生态学报，2020，41（9）：65 – 69.

［8］国家发展改革委应对气候变化司 . 省级温室气体清单编制指南［M］. 北京：中国环境科学出版社，2011.

［9］何建坤 . 全球气候治理新形势及我国对策［J］. 环境经济研究，2019，12（3）：1 – 9.

［10］胡鞍钢 . 中国实现 2030 年前碳达峰目标及主要途径［J］. 北京工业大学学报（社会科学版），2021，21（3）：1 – 15.

［11］胡向东，王济民 . 中国畜禽温室气体排放量估算［J］. 农业工程学报，2010，26（10）：247 – 252.

［12］李志强，韩建国，李胜利等 . 苜蓿干草在高产奶牛日粮中适宜添加量的研究［J］. 中国农业科学，2003，36（8）：950 – 954.

［13］刘红光，刘卫东，唐志鹏 . 中国产业能源消费碳排放结构及其减排敏感性分析［J］. 地理科学进展，2010，29（6）：670 – 676.

［14］刘树军 . 不同饲草的体外发酵甲烷产生量研究［J］. 中国农业科学院，

2011.

［15］刘松，王效琴，胡继平等．施肥与灌溉对甘肃省苜蓿碳足迹的影响［J］．中国农业科学，2018，51（3）：556－565.

［16］孟祥海，张俊飚，程国强等．中国畜牧业全生命周期温室气体排放时空特征分析［J］．中国环境科学，2014，34（8）：2167－2176.

［17］任继周，梁天刚，林慧龙等．草地对全球气候变化的响应及其碳汇潜势研究［J］．草业学报，2011，2（4）1－22.

［18］师帅，李翠霞，李媚婷．畜牧业"碳排放"到"碳足迹"核算方法的研究进展［J］．中国人口·资源与环境，2017，27（6）：36－41.

［19］孙亚男，刘继军，马宗虎．规模化奶牛场温室气体排放量评估［J］．农业工程学报，2010，26（6）：296－301.

［20］谭秋成．中国农业温室气体排放：现状及挑战［J］．中国人口·资源与环境，2011，21（10）：69－75.

［21］田云，张俊飚．中国农业生产净碳效应分异研究［J］．自然资源学报，2013，28（8）：1298－1309.

［22］王明利．推动苜蓿产业发展　全面提升我国奶业［J］．农业经济问题，2010，5（12）：22－26.

［23］王效琴，梁东丽，王旭东等．运用生命周期评价方法评估奶牛养殖系统温室气体排放量［J］．农业工程学报，2012，28（13）：179－184.

［24］姚成胜，钱双双，毛跃华等．中国畜牧业碳排放量变化的影响因素分解及空间分异［J］．农业工程学报，2017，33（6）：10－19.

［25］张英俊．我国饲草作物的产业发展［EB/OL］．搜狐网，https：//www.sohu.com/a/321542021_760631，2019.

［26］张婷婷．茶皂甙对瘤胃发酵、甲烷产量及毒性机理研究［D］．泰安：山东农业大学，2011.

［27］张玉梅，樊胜根，陈志钢等．转型农业食物系统助力中国2060碳中和目标［R］．2021中国与全球食物政策报告，2021.

［28］EIA. International energy outlook 2018 executive summary［R］. Washington DC：Energy Information Adaminstration，2018.

［29］Gerber P，Velling T，Opio C，et al. Productivity gains and greenhouse gas emissions intensity in dairy systems［J］. Livestock Science，2011，139（2）：100－108.

［30］IEA. Global Energy and CO$_2$ Status Report 2018［R］. Paris：International Agency, 2018.

［31］Luo T, Qian Y, Ming Y, et al. Carbon footprint of China's livestock system A case study of farm survey in Sichuan province, China ［J］. Journal of Cleaner Production, 2015, 102 – 110.

［32］Ominski KH, BoadiD A, Wittenberg K M et al. Estimates of enteric methane emissions from cattle in Canada using the IPCC Tier – 2 methodology ［J］. Canadian Journal of Animal Science, 2007, 87 （3）: 459 – 467.

［33］Pao H, Tsai C. CO_2 emissions, energy consumption and economic growth in BRIC countries ［J］. Energy Policy, 2010, 38 （12）: 7850 – 7860.

［34］Payam Nejat, Fatemeh Jomehzadeh, Mohammad Mahdi Taheri, et al. A global review of energy consumption, CO_2 emissions and policy in the residential sector （with an overview of the top ten CO_2 emitting countries） ［J］. Renewable and Sustainable Energy Reviews, 2015, 43: 843 – 862.

［35］Prado A. D, Mask. , Pardo G, et al. Modelling the interactions between C and N farm balances and GHG emissions from confinement dairy farms in northern Spain ［J］. Science of the Total Environment, 2013, 465 （6）: 156 – 165.

［36］Rosenzweig, C. , Mbow, C. , Barioni, L. G. et al. Climate Change Responses benefit from A Global food System Approach ［J］. Nature Food, 2020, （1）: 94 – 97.

［37］Toprak N. Do fats reduce methane emission by ruminants? —A review ［J］. Animal Science Papers & Reports, 2015, 33 （4）: 305 – 321.

［38］Yuli Shan, Jianghua Liu, Zhu Liu, et al. New provincial CO_2 emission inventories in China based on apparent energy consumption data and updated emission factors ［J］. Applied Energy, 2016, 184: 742 – 750.

［39］Zervas G, Tsiolakou E. An assessment of GHG emissions from small ruminants in comparison with GHG emissions from large ruminants and monogastric livestock ［J］. Atmospheric Environment, 2012, 49: 13 – 23.

［40］Zhu Z, Dong H, Zhou Z. Ammonia and greenhouse gas emissions from a dairy cattle barn with a daily manure collecting system ［J］. Transactions of the ASABE, 2012, 55 （5）: 1959 – 1964.

"粮改饲"政策下肉牛养殖成市效率分析

——基于 8 个省（区）22 个试点的面板数据*

马晓萍　王明利　张　浩

　　"粮改饲"以及种养结合模式试点的开展和推进是改善国内玉米阶段性供给过剩与优质饲草供给不足并存、种养结合不紧密情况的针对性重要举措（彭艳玲等，2019），是中国农业转方式、调结构提出的一项新内容，是国家粮食安全观念的革新（郑瑞强等，2016）。"粮改饲"既是种植业结构本身的优化调整，也是进一步实现农牧之间的重新融合，进而实现种植业内部和农牧之间的物质循环与能量流动，改善农田生态系统，提高以耕地质量培育为基础的农业可持续发展能力（郭庆海，2019）。"粮改饲"是事关国家粮食安全、促进农民增收和推进农业供给侧结构性改革的重要措施，已成为当前"三农"领域牵一发而动全身的大政策之一（于康震，2017）。

　　饲草产业是畜牧业得以持续健康发展的基础，也是推动畜牧业尤其是草食性畜牧业高质量发展的重要保障。随着中国居民肉类消费结构向多样化转变的趋势，牛羊肉在丰富国民肉类消费结构中的作用越发凸显（任继周等，2019）。但受传统养殖习惯制约，中国长期对草食性牲畜采取"秸秆＋精料"的不经济、不科学的饲喂方式，导致草食性畜牧产业生产效率低位徘徊，母畜生产性能不高，种养结合不紧密，环保问题突出，畜产品质量和安全性差，进而对畜产品稳产保供目标的实现造成一定压力，更在国际市场上缺乏竞争力。对于以优质饲草为"主食"的草食家畜，若由传统的"秸秆＋精料"饲喂模式向"优质饲草＋精料"的饲喂模式转变，

---

*　该成果发表于《草业科学》2022 年第 3 期。

可以达到在土地资源利用效率提高的同时，进一步提升草食畜牧业的生产效率和畜产品的质量安全性（王明利，2020）。2015 年以来，中央一号文件接连提出统筹"粮经饲"结构以及针对该政策的具体部署。《国务院办公厅关于促进畜牧业高质量发展的意见》以及农业农村部印发的《推进肉牛肉羊生产发展五年行动方案》中再次强调"粮改饲"目标。"粮改饲"通过政策补贴激励和引导试点区调减玉米种植，增加青贮玉米、苜蓿、燕麦草等适合草食畜牧业发展的优质饲草种植面积，调整牛羊养殖业生产方式，优化牛羊粗精饲料饲喂结构，"以养带种"，提高农牧民经济效益，截至 2019 年，政策已促进牛羊养殖累计节本增效近 300 亿元（农业农村部办公室，2019）。"粮改饲"以及种养结合生产模式已成为畜牧业尤其是草食畜牧业发展的重要推动力，政策的稳步推进对于中国畜牧业的高质量发展意义深远。

目前，学术界对于"粮改饲"政策的研究主要集中在政策解读、实施现状、存在的问题以及优化对策的分析方面。自政策实施推进以来，试点地区农户参与种植结构调整的意愿强烈，效益可观，在促进农民增收、牛羊养殖增产等方面起到举足轻重的作用，但仍存在农户对政策了解不充分、专业技术缺乏、设施设备不足、产销阻碍、补贴方式和主体具有局限性以及政策体系不完善等制约（于康震，2017；胡向东，2017；马梅等，2019）。"粮改饲"政策带来一定的经济效益的同时也带来一定的生态效益，如节约农业用水、改良土壤、减少秸秆产生量和提高畜禽粪便资源化利用率（于康震，2017；崔姹等，2018）。对"粮改饲"政策的定量研究方面，受制于数据的难获得，学者多以有限的调研数据为基础，对"种粮"与"种草"结构调整的效益进行比较（高雅灵等，2019），对比部分区域"粮改饲"政策实施前后奶牛养殖的效益变化（王怡然等，2019），模拟了不同补贴标准和形式下育肥牛养殖的最优日粮结构和养殖收益变动（郭世娟等，2020），也有从宏观数据层面重点关注青贮玉米产业发展的时空演变及动因（倪印锋、王明利，2019）。

"粮改饲"政策的实施与推进对中国肉牛产业产生多大影响？尤其是近年饲料及原料价格上涨的现实压力下，"粮改饲"政策实施是否有助于降低肉牛饲料成本、提升肉牛生产率？尚未有学者对"粮改饲"政策实施前后肉牛养殖的成本效率进行分析，缺少政策实施区肉牛养殖成本效率变动的具体测度，尤其是在政策辐射作用下，试点区肉牛养殖生产率水平、对投入要素的配置能力以及投入要素价格的改善是否有所提升。本文基于2013~2019年22个试点县肉牛生产监测面板数据，从成本效率视角出发，通过对比"粮改饲"政策实施前后肉牛养殖饲料成本的时空变化特征以及"粮改饲"政策实施区域与非政策实施区域的成本效率、生产率水平、分配效应和价格效应的差异，探究"粮改饲"政策对肉牛生产的影响，为未来政策的实施方向、着力点以及配套体系的完善提供参考价值。

一、研究方法与数据来源

(一) 研究方法

1. 成本函数模型

在 t 时期，生产的可能集为：$L^t(y^t) = \{x^t : x^t\ can\quad produce\quad y^t\}$，即生产者使用投入 x 得到产出 y，根据法勒（Färe et al.，1994）的研究，基于生产可能集定义面向投入的距离函数如式（1）所示：

$$D_i^t(y^t, x^t) = \sup_\theta \{\theta : (x^t/\theta) \in L^t(y^t), \theta > 0\} \qquad (1)$$

其中，i 表示投入导向；$L^t(y^t)$ 表示产出为 y 时所有可能的投入向量 x，θ 表示大于 0 的任意值。则 t 时期基于投入角度的生产边界的等产量线（$IsoqL^t(y^t)$，如式（2）所示：

$$IsoqL^t(y^t) = \{x^t : x^t \in L^t(y^t), \lambda x^t \notin L^t(y^t)\, \text{for}\, \lambda < 1\} \qquad (2)$$

$D_i^t(y^t, x^t)$ 是使投入 x^t 在 $L^t(y^t)$ 内可被分离的最大值，表示生产技术的特性。根据法勒（Färe et al.，1994）的研究，基于投入导向的技术效率与对应的距离函数互为倒数，技术效率（TE）表示如式（3）所示：

$$TE_i^t(y^t, x^t) = \min_\varphi \{\varphi : (\varphi x^t) \in L^t(y^t), \varphi > 0\} \qquad (3)$$

其中，φ 为大于 0 的任意值。若考虑投入价格因素 p^t，则基于投入角度的成本函数如式（4）所示：

$$C^t(y^t, \ p^t) = \min_{x^t}\{p^tx^t : \ x^t \in L^t(y^t), \ p^t > 0\} \tag{4}$$

定义了在给定投入价格 P^t 和时间 t 的情况下，既定产出 y^t 所对应的最小成本，相对应 t 时期的成本边界即等成本线表示如式（5）所示：

$$IsoC^t(y^t, \ p^t) = \{x^t : \ p^tx^t = C^t(y^t, \ p^t)\} \tag{5}$$

如果存在资源配置无效则可以通过基于投入角度的配置效率测度，配置效率表达式如式（6）所示：

$$AE_i^t(y^t, \ x^t, \ p^t) = \frac{C^t(y^t, \ p^t)D_i^t(y^t, \ x^t)}{p^tx^t} \tag{6}$$

2. 成本 malmquist 指数

malmquist 指数可衡量如何通过投入要素组合变动而达到最优的生产前沿及变动，作为生产率动态变化的度量指数被学者广泛采用。根据法勒（Färe）等的研究，为避免参考区间选择的任意性，从 t 到 $t+1$ 时期变动的投入角度的 malmquist 指数（以下简称 IM 指数）采用两期的几何平均值表示：

$$IM = \left[\frac{D_i^t(y^{t+1}, \ x^{t+1})}{D_i^t(y^t, \ x^t)} \frac{D_i^{t+1}(y^{t+1}, \ x^{t+1})}{D_i^{t+1}(y^t, \ x^t)}\right]^{1/2} \tag{7}$$

其中，IM 指数小于 1 表示进步，即较低的投入生产既定产出，大于 1 表示退步，生产力指数不变用 1 表示，在规模收益不变（CRS）和规模收益可变（VRS）下该指数均适用（Ray and Desli, 1997）。

曼妮达克斯和塞勒苏利斯（Maniadakis and Thanassoulis, 2004）将成本函数（cost function）模型与 malmquist 指数结合，以 cost malmquist 指数（以下简称 CM 指数）测算生产成本效率。CM 指数是指如何通过减少（或增加）投入成本，使得成本距离函数达到最优的成本边界。当 $CM < 1$ 时表示生产率进步，$CM > 1$ 时表明生产率倒退，$CM = 1$ 时表明生产率不变。CM 指数可进一步分解为总效率变化（OEC）和成本技术变化（CTC）：

$$CM = \frac{p^{t+1}x^{t+1}/C^{t+1}(y^{t+1}, \ p^{t+1})}{p^tx^t/C^t(y^t, \ p^t)}$$

$$\times \left[\frac{p^tx^{t+1}/C^t(y^{t+1}, \ p^t)}{p^{t+1}x^{t+1}/C^{t+1}(y^{t+1}, \ p^{t+1})} \times \frac{p^tx^t/C^t(y^t, \ p^t)}{p^{t+1}x^t/C^{t+1}(y^t, \ p^{t+1})}\right]^{1/2} \tag{8}$$

其中，右边第一部分为投入总效率变化（OEC），$OEC = (OB/ON)/(OG/$

OM)（见图 1），OB 和 OG 表示 $t+1$ 和 t 时期得到产出 y^{t+1} 和 y^t 所对应的两种投入要素组合的实际成本，ON 和 OM 表示 $t+1$ 和 t 时期得到产出所对应的最小成本，因此，OEC 表示从 t 到 $t+1$ 时期，生产单元对于最优的成本边界的趋近程度。

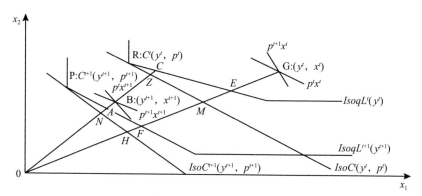

图 1　基于投入的成本 malmquist 指数

OEC 可进一步分解为技术效率变化（EC）和分配效率变化（AEC），即从总效率变化中分别分离出投入要素组合能力对效率的影响和技术效率对总效率变化的影响；右边第二部分为基于价格指标测度的成本技术变化（CTC），即基于一段时间内肉牛养殖真实的投入成本价格来测度成本投入和技术进步的共同作用，可进一步分解为纯技术追赶（TC）和价格效应（PE）两部分。分解式如式（9）所示：

$$OEC = \frac{D_i^{t+1}(y^{t+1}, x^{t+1})}{D_i^t(y^t, x^t)} \times \frac{p^{t+1}x^{t+1}/C^{t+1}(y^{t+1}, p^{t+1})D_i^{t+1}(y^{t+1}, x^{t+1})}{p^tx^t/C^t(y^t, p^t)D_i^t(y^t, x^t)}$$

$$(9)$$

其中，等号右边第一项为技术效率变化（EC），$EC=(OB/OA)/(OG/OE)$，OA 和 OE 分别为 $t+1$ 和 t 时期等产量线的投入要素组合；第二项代表从 t 到 $t+1$ 时期所有生产单元向前沿面的追赶变化 $AEC=(OA/ON)/(OE/OM)$，ON 和 OM 分别为 $t+1$ 和 t 时期成本最小的投入要素组合，AEC 的含义为从 t 时期到 $t+1$ 时期要素组合能力的变动。

$$CTC = \left[\frac{D_i^t(y^{t+1},\ x^{t+1})D_i^t(y^t,\ x^t)}{D_i^{t+1}(y^{t+1},\ x^{t+1})D_i^{t+1}(y^t,\ x^t)} \right]^{1/2}$$

$$\times \left[\frac{p^t x^{t+1}/C^t(y^{t+1},\ p^t)D_i^t(y^{t+1},\ x^{t+1})}{p^{t+1}x^{t+1}/(C^{t+1}(y^{t+1},\ p^{t+1})D_i^{t+1}(y^{t+1},\ x^{t+1}))} \right]$$

$$\times \frac{p^t x^t/(C^t(y^t,\ p^t)D_i^t(y^t,\ x^t))}{p^{t+1}x^t/(C^{t+1}(y^t,\ p^{t+1})D_i^{t+1}(y^t,\ x^t))} \qquad (10)$$

$CTC = [(OB/OZ)/(OB/ON)] = (ON/OZ)$，代表成本变动引起的效率变动，$OZ$ 为 t 时期最小成本得到的产量。式（10）中右边第一项为技术进步 $TC = [(OB/OC)/(OB/OA)] = (OA/OC)$，$OC$ 为 t 时期得到产量 yt 的最小成本；第二项代表产出既定时，相对成本价格变动对成本最小化的影响，即"价格效应"：$PE = CTC/TC = [(ON/OZ)/(OA/OC)] = [(OC/OZ)/(OA/ON)]$。

综合以上，CM 指数分解如式（11）所示：

$$CM = OEC \times CTC = EC \times AEC \times TC \times PE = IM \times AEC \times PE \qquad (11)$$

其中，$IM = EC \times TC$。

（二）数据来源及变量选择

1. 数据来源

本文数据来源于农业农村部肉牛生产定点监测项目，时间为 2013 ~ 2019 年，跨越 2015 年这一政策试点起始期。综合考虑数据可得性和政策实施范围，选取中原产区的安徽、河北、河南，东北产区的辽宁、黑龙江、内蒙古，西北产区的甘肃和西南产区的云南，同时覆盖"粮改饲"政策实施区和肉牛优势产区，共计 8 个省（区），年涵盖 750 个养殖场（户）。各省（区）按照典型代表性确定定点监测县，对定点监测县年出栏 100 头以上的规模场实行全覆盖监测；规模以下养殖场（户）实行抽样监测，按照对称等距抽样方法选择 5 个行政村进行生产监测，同时按大、中、小养殖规模各选择 5 户共计 15 户养殖场（户）开展成本收益的生产效益监测，主要以文化水平较高、精通生产经营、能够直联直报的肉牛养殖户（专业育肥和自繁自育户）为优先选择对象，调查内容主要为肉牛养殖场（户）生产和效益情况。应研究需要，本文根据"粮改饲"试点名单将定点监测县区分为试点县与非试点县（见表1）。

表1   **"粮改饲"与非"粮改饲"试点监测区域分布**

省（区）	"粮改饲"试点监测县、市	非"粮改饲"试点监测县、市
安徽	临泉县（10）、利辛县（9）	—
河北	隆化县（15）、丰宁满族自治县（12）、围场满族蒙古族自治县（11）	三河市（14）
河南	叶县（8）、新野县（14）、邓州市（7）、永城市（15）、新蔡县（11）	—
辽宁	法库县（12）、黑山县（15）、昌图县（10）	开原市（15）、凌源市（10）
黑龙江	龙江县（8）、望奎县（15）、肇东市（12）、海伦市（15）	宾县（15）、双城区 t（13）
内蒙古	科尔沁左翼后旗（13）、扎鲁特旗（15）	阿鲁科尔沁旗（15）、正蓝旗（11）
甘肃	甘州区（11）	—
云南	寻甸回族彝族自治县（15）、会泽县（6）	—

注：括号内为样本县、市的样本场（户）数量。

"粮改饲"政策的实施对肉牛养殖环节最直接的影响是改变传统的主要以精饲料进行育肥的饲喂模式，通过调整肉牛粗、精饲料配比的结构，用全株青贮玉米等优质饲草代替秸秆、干草等，适度减少精饲料使用，达到在提高肉牛生产性能的同时降低饲料成本的目的。因此，契合研究需要，本文主要以肉牛专业育肥场（户）为研究对象，各监测县专业育肥场（户）数量分布如表1所示，为增强年际间的可比性，选择构建平衡面板数据，共计352个养殖场（户），2013～2019年共计2,464个样本量，使用MaxDEA软件进行成本效率测算，重点关注"粮改饲"政策实施前后，政策实施区育肥户肉牛养殖饲料成本的时序和区域差异、生产率变动以及考虑分配效应和价格效应的成本效率变动，并与非政策实施区进行比较，采用Excel 2010制图。

2. 变量选择

变量指标选取尽量选择实物量，综合学者已有研究，仔畜投入、饲料投入、劳动投入及其他投入为肉牛养殖主要投入，出栏肉牛头均活重或产值为主要产出（杨春、王明利，2019；朱增勇等，2018）。本文参考已有研究，根据数据的可获得性，选择出栏肉牛活重为产出指标，选择头均仔畜投入、饲草料投入、劳动投入和其他投入作为投入指标（见表2）。仔畜投入主要是购入犊牛、架子牛费用（包括运输费用）；饲料投入包括精饲料成本和粗饲料成本，其中，粗饲料成本包括干草、秸秆、青贮饲料和青饲料（主要为牧草和青饲作物）成本；劳动投入为人工费用，包括家庭用工折算和雇工费用；其他投入主要为固定资产折旧、医疗防疫投入、水电费等其他费用。为增强年际间和地区间的可比性，根据不同省（区）对应年份的生产者资料价格指数（仔畜幼禽及产品畜指数、饲料指数、其他农业生产资料价格指数和居民消费者价格指数）进行仔畜投入、饲料投入、雇工费用和其他投入费用的折算，数据来源为《中国统计年鉴》。

表 2　　　　　　　　　　　变量选择与数据说明

指标类型	变量选择	数据说明	均值	标准差	样本量
产出指标	产品产出（千克）	出栏肉牛头均活重	344.20	122.02	2,464
投入指标	仔畜投入（元）	购进犊牛、架子牛费用	5,887.84	3,292.27	2,464
	饲草料投入（元）	精、粗饲料费用	1,999.11	1,490.10	2,464
	劳动投入（元）	人工费用（包括家庭用工折算和雇工费用）	205.53	285.25	2,464
	其他投入（元）	其他投入费用（包括固定资产折旧费、医疗防疫费等）	141.29	105.32	2,464

二、"粮改饲"政策实施前后肉牛养殖成本变动特征

（一）时序特征

根据监测点"粮改饲"试点县肉牛养殖投入的成本费用数据如表3所示。

表3 政策实施前后肉牛养殖成本变动

地区	年份	粗饲料费（元）	精饲料费（元）	总饲料费（元）	仔畜费（元）	雇工费（元）	其他投入（元）	总成本（元）	粗饲料比例（%）	精饲料比例（%）
试点	2013~2014	567.2	1,742.6	2,309.8	7,793.1	102.7	74.2	10,279.8	24.5	75.5
	2015~2019	783.5	1,901.9	2,685.4	7,748.1	119.4	83.8	10,636.7	29.2	70.8
	2018~2019	918.9	1,960.9	2,879.7	7,900.2	142.7	91.3	11,013.9	31.9	68.1
非试点	2013~2014	736.8	1,980.2	2,717.0	8,142.8	97.0	49.7	11,006.5	27.1	72.9
	2015~2019	707.5	2,307.7	3,015.2	8,886.3	130.5	70.1	12,102.1	23.5	76.5
	2018~2019	703.3	2,469.4	3,172.7	8,760.9	142.6	73.7	12,149.9	22.2	77.8

注：为增强可比性，表格中各项成本为头均养殖成本，计算各项头均养殖成本时均折算成头均重量为500千克标准体重肉牛的养殖成本；粗、精饲料比重分别为粗、精饲料费用占总饲料成本的比重。

2013~2014年，即未实施"粮改饲"政策前，育肥户出栏1头500千克肉牛所需总成本为10,279.8元。其中，仔畜费7,793.1元，粗饲料成本567.2元，精饲料成本1,742.6元，粗、精饲料费用占总饲料成本比重分别为24.6%和75.4%，是典型的以精饲料为主要育肥饲料投入的结构占比。

2015~2019年，"粮改饲"政策实施后，肉牛养殖头均总成本为10,636.7元。其中，仔畜费7,748.1元，与政策实施前相比无明显变化；粗饲料成本783.5元，比政策实施前增加了216.3元，增长38.1%，精饲料成本1,901.9元，增加159.3元，增长9.1%，两者占比分别为29.2%和70.8%，即粗饲料占总饲料比重较政策实施前提高了4.6个百分点。

（3）2018~2019年，进一步地，即聚焦到政策实施区覆盖面进一步扩大后，养殖户出栏1头500千克肉牛平均养殖总成本为11,013.9元。其中，仔畜费、粗饲料、精饲料成本分别为7,900.2元、918.9元、1,960.9元，仔畜费用增长1.4%，粗饲料费用较政策实施前增加351.7元，增长了62.0%，精饲料成本增加2,183元，增长了12.5%，粗饲料成本增长幅度明显大于精饲料成本。同时，粗、精饲料成本分别占总饲料成本的比重为31.9%、68.1%，即与2013~2014年相比，肉牛养殖粗饲料比例有所提升，较政策实施前提升了 7.3 个百分点，精饲料占比有所下降，粗、精饲料结构有一定程度的改善。此外，试点区雇工费用和其他费用呈增加趋势，原因是青贮玉米的种植需要人工和机械费用等的投入，收割全株青贮玉米的设施折旧等也会明显增加其他成本的投入。

"粮改饲"政策对肉牛养殖的主要影响是促进养殖环节饲料结构调整，而其中最为直接的影响是粗饲料结构的变化。政策通过引导试点区肉牛养殖户从传统的以籽粒玉米饲喂肉牛，适度向全株青贮饲喂转变，通过"青贮玉米＋养殖"的种养结合模式，改善了肉牛的粗、精饲料结构。而且，青贮玉米具有适口性强、饲料报酬高和营养价值高的特点（孙雪丽等，2018），在提高肉牛日增重、饲料转化率以及生产性能的同时，降低料重比，一定程度上提高了养殖效益，调动农牧民的生产积极性。

（二）区域特征

饲料成本变动情况如图 2 所示，2013～2019 年，试点区肉牛养殖饲料成本呈平稳变动的趋势，非试点区头均饲料成本呈明显上升趋势，且两者差距自 2016 年后明显增大。

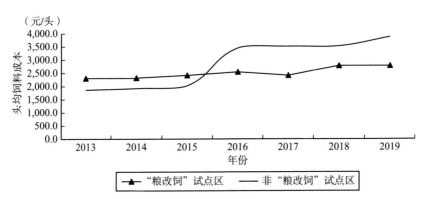

图 2　2013～2019 年"粮改饲"试点区与非"粮改饲"试点区肉牛养殖头均饲料成本

政策试点区。2013 年，试点区肉牛养殖头均饲料成本为 2,303.7 元，政策实施第 2 年饲料成本有下降趋势，2017 年头均饲料成本下降到 2,411.0 元，随后又上升至 2019 年的 2,780.5 元，整体增加了 476.8 元，增长了20.7%。

非政策试点区。2013年，非试点区肉牛头均养殖饲料成本为1,862.7元，随后有小幅增加，到2015年为2,021.7元，之后明显增长，到2016年达到3,451.2元，增长了1倍左右，主要是由于精饲料成本上升明显（见表3）。2018~2019年，试点区肉牛养殖头均饲料成本低于非试点区293.0元。非试点区肉牛养殖饲料总成本由低于试点区到超过试点区再到呈现差距逐渐拉大的变动趋势。可见，政策的实施，通过调整粗、精饲料的比例，一定程度上抑制了肉牛养殖精饲料费用的增长，进而减缓了养殖总饲料成本的明显增加。肉牛饲草料结构的改变必然会影响饲料成本，在近年精饲料价格特别是玉米价格明显上涨的情况下，试点区通过增加肉牛饲草料中的青贮饲料比重，降低籽粒玉米占比，减轻了饲料成本的上涨势头，有利于试点区肉牛养殖效益的提高。

三、肉牛养殖成本效率变动分析

（一）政策试点区肉牛养殖成本效率分析

对"粮改饲"政策实施期内肉牛养殖饲料成本变动进行分析显示，政策实施以来，相较于非试点区饲料成本的明显上涨，试点区肉牛养殖头均饲料成本变动平稳，粗饲料与精饲料的结构也有所改善。考虑到政策的实施不仅在一定程度上控制饲养成本的上涨，还可能通过政策辐射作用提高养殖场（户）生产水平，因此，综合考虑育肥户肉牛养殖所有生产投入，测算样本期内肉牛养殖生产率以及加入分配效应和价格效应的成本效率，以探究政策实施对肉牛养殖效率是否有所影响。CM指数通过测度分配效应（AEC）与价格效应（PE）进一步补充了IM指数所测度的变化（范璐等，2016），在传统IM指数的基础上考虑加入投入生产物质要素价格以及对各项投入要素合理配置的程度，即肉牛养殖场（户）能否根据投入要素的价格变动，科学合理地对仔畜投入、饲草料投入、劳动力投入及包括医疗防疫费在内的其他物质投入进行安排。

　　不同省份的"粮改饲"政策试点区在政策实施前后效率变动方向和程度均存在差异（见表4）。政策实施后，河北、黑龙江和内蒙古试点区肉牛养殖成本效率提升（$CM < 1$）；安徽、辽宁、甘肃和云南成本效率下降（$CM > 1$），但降幅有所减弱；河南成本效率下降幅度增大（$CM > 1$）。具体而言，河北政策试点区肉牛养殖成本效率上升最明显，CM 指数由 1.152 变动到 0.877，该省份政策实施区肉牛养殖生产率水平提升（$IM = 0.807$）的同时，养殖场（户）对肉牛养殖的各投入要素的配置也向更接近于最优配置的方向变动（$AEC = 0.840$），促进总体成本效率提升。黑龙江和内蒙古成本效率均较政策实施前有所提高，主要由生产率水平上升带动（$IM < 1$）。安徽成本效率下降幅度较政策实施前有明显减弱，肉牛养殖生产率水平提升（$IM = 0.994$）的同时，投入要素价格负效应较政策实施前有所减轻。云南和甘肃成本效率的下降程度分别有较小幅度的减弱。受投入要素价格效应的积极影响，辽宁省政策实施区肉牛养殖成本效率下降幅度也较政策实施前有所降低。河南肉牛养殖成本效率下降程度增大，该省份肉牛养殖生产率下降，分配效应和价格效应的负向程度也均增加，整体带动成本效率下降。

表4　　　　　　2013~2019 年"粮改饲"试点区肉牛养殖成本效率变动

省份	效率指数	2013~2014 年	2014~2015 年	2015~2016 年	2016~2017 年	2017~2018 年	2018~2019 年	均值（2013~2015 年）	均值（2015~2019 年）
安徽	CM	1.411	1.964	1.595	0.963	0.953	0.858	1.665	1.059
	IM	1.975	0.852	0.729	0.928	1.284	0.914	1.297	0.944
	AEC	0.620	1.403	1.469	1.016	1.058	0.944	0.933	1.105
	PE	1.152	1.644	1.489	1.021	0.701	0.995	1.376	1.015
河北	CM	1.565	0.847	0.734	0.865	0.644	1.448	1.152	0.877
	IM	1.114	0.817	0.595	0.848	0.910	0.923	0.954	0.807
	AEC	0.963	1.496	0.715	0.862	0.716	1.130	1.200	0.840
	PE	1.459	0.693	1.725	1.183	0.989	1.389	1.006	1.294

省份	效率指数	2013~2014年	2014~2015年	2015~2016年	2016~2017年	2017~2018年	2018~2019年	均值（2013~2015年）	均值（2015~2019年）
河南	CM	1.865	0.939	1.239	1.577	0.965	1.737	1.323	1.345
	IM	1.570	0.814	1.334	1.567	0.690	1.071	1.130	1.115
	AEC	0.917	1.314	1.207	1.288	0.761	1.355	1.098	1.125
	PE	1.296	0.878	0.770	0.781	1.838	1.197	1.067	1.072
辽宁	CM	1.534	0.879	1.060	1.038	0.903	1.153	1.161	1.034
	IM	1.638	0.774	1.184	0.825	1.199	1.184	1.126	1.085
	AEC	0.881	1.585	1.114	1.035	0.618	1.459	1.182	1.010
	PE	1.063	0.716	0.803	1.215	1.218	0.667	0.873	0.944
黑龙江	CM	1.394	0.838	1.046	0.929	0.709	1.206	1.081	0.954
	IM	1.417	0.720	1.254	0.921	1.079	0.749	1.010	0.983
	AEC	0.825	1.322	1.343	0.926	0.787	0.941	1.044	0.980
	PE	1.193	0.881	0.621	1.089	0.834	1.711	1.125	0.991
内蒙古	CM	1.009	0.768	0.956	0.961	0.980	1.011	0.881	0.977
	IM	1.216	0.753	0.893	0.863	1.091	0.786	0.957	0.902
	AEC	0.728	1.174	1.316	0.899	1.184	0.846	0.925	1.043
	PE	1.139	0.869	0.813	1.239	0.759	1.520	0.995	1.038
甘肃	CM	1.483	0.771	1.004	0.932	1.059	1.291	1.070	1.064
	IM	1.598	0.874	0.687	1.221	0.835	0.819	1.182	0.870
	AEC	0.772	1.063	1.316	0.929	1.177	1.007	0.906	1.098
	PE	1.203	0.830	1.110	0.821	1.077	1.564	0.999	1.113
云南	CM	1.211	1.025	1.145	1.106	0.697	1.196	1.114	1.014
	IM	1.253	0.808	0.743	1.265	0.923	0.779	1.006	0.907
	AEC	0.828	1.466	1.194	1.176	0.774	0.933	1.102	1.004
	PE	1.167	0.866	1.291	0.743	0.975	1.644	1.005	1.114

注：CM、IM、AEC 和 PE 分别代表 cost malmquist 指数、input maimquiat 指数、allocative efficiency change 指数和 price effect 指数。

可见，"粮改饲"政策实施后，多数省（区）肉牛养殖成本效率均有所提升或是不同程度的改善，特别是生产率水平多存在上升。部分省（区）成本效率下降主要是由于分配效应和价格效应的负向影响，即养殖场（户）在合理安排投入物质要素组合方面的能力仍需增强，投入要素价格"扭曲"程度仍需改善。下文将通过政策实施区和非政策实施区成本效率变动的对比分析，进一步探究政策的实施是否对肉牛养殖效率具有积极影响。

（二）政策实施区与非政策实施区成本效率比较分析

根据数据的可获得性，7个非"粮改饲"试点监测县（区）分布在河北、辽宁、黑龙江、内蒙古4省（区），现以这4个省（区）为例，对不同省（区）的"试点区"和"非试点区"进行分组，通过构建新的生产前沿面对比试点县（区）和非试点县（区）的肉牛养殖各项效率变动，结果如表5所示。

表5　　　　　　　4个省份政策试点区与非试点区效率变动比较

年份	效率指数	河北		黑龙江		辽宁		内蒙古	
		试点区	非试点区	试点区	非试点区	试点区	非试点区	试点区	非试点区
2013~2015	CM	1.618	1.103	1.343	1.259	1.032	0.882	0.750	0.623
	IM	1.333	1.099	0.960	0.872	0.784	0.734	0.751	0.717
	AEC	0.560	0.860	0.668	0.900	1.060	1.240	1.442	1.722
	PE	2.167	1.167	2.094	1.604	1.241	0.969	0.692	0.504
2016~2019	CM	0.601	1.033	0.954	0.924	0.927	0.964	1.019	1.032
	IM	0.692	0.992	1.003	0.994	0.994	0.987	0.993	0.993
	AEC	2.005	1.008	0.933	0.893	0.886	0.910	0.959	0.959
	PE	0.433	1.033	1.020	1.042	1.054	1.073	1.071	1.084

首先，河北试点区和非试点区在政策实施前，肉牛养殖成本效率均处于下降状态，且试点区成本效率下降程度明显高于非试点区（$CM = 1.618 >$

1.103）；政策实施后，该省试点区肉牛养殖成本效率有明显提升（CM = 0.601），其中，生产率水平提高（IM = 0.692），投入生产要素价格效应由负转正，抵消掉分配效应的负影响，最终政策实施区成本效率大幅提升，而非政策实施区成本效率基本无提升，仍处于下降状态（CM = 1.033），虽然生产率水平有所提高（IM = 0.992），但分配效应和价格效应的负向影响更大，导致河北非试点区肉牛养殖成本效率下降。

其次，政策实施后，黑龙江试点区与非试点区成本效率均有所提升（CM 为 0.954 和 0.924），分开来看，试点区 CM 指数由政策实施前的 1.343 变动为政策实施后的 0.954（差值为 0.389），成本效率上升了 4.6%，非试点区 CM 指数由 1.259 变为 0.924（差值为 0.335），成本效率提升了 7.6%，该省试点区和非试点区的肉牛养殖成本效率均有一定程度的改善，但试点区的改善程度高于非试点区（0.389 > 0.335），而且，从分解效率项来看，该地区肉牛养殖投入要素价格效应的改善程度明显。

再次，政策实施后，辽宁试点区和非试点区成本效率均有所提升（CM 为 0.927、0.964），分别提升 7.3% 和 3.6%，试点区提升幅度高于非试点区。从效率分解项来看，该省试点区和非试点区分配效应提升，即养殖场（户）在合理安排投入要素组合的能力有所增强，试点区价格效应负效应减弱，非试点区价格负效应增强。

最后，内蒙古试点区和非试点区成本效率均有所下滑，分别下降了 1.9% 和 3.2%，试点区下滑幅度小于非试点区。究其原因，主要是价格负效应增强，试点区价格效应由 0.692 变动到 1.071，非试点区价格效应由 0.504 变动到 1.084，当前非试点区投入要素价格负效应更明显，即投入要素价格"扭曲"程度更高。

综上所述，与非试点区相比，政策试点区肉牛养殖成本效率有所提升和不同程度的改善，投入要素价格正效应的提升是主要原因，说明政策的实施，对肉牛养殖投入要素价格"扭曲"程度的改善起到一定的积极作用。

（三）试点区肉牛养殖投入要素冗余分析

由于部分省（区）政策实施区肉牛养殖成本效率下降，一方面是由于投入要素价格负效应影响，另一方面是因为养殖场（户）对投入要素组合的安排能力方面还存在欠缺，即部分投入要素不能被充分利用，存在冗余。本部分采用数据包络模型两阶段方法对 8 个省（区）政策实施区肉牛养殖的投入要素冗余进行测定，考察实施区肉牛养殖投入要素的错配程度，结果如表 6 所示。8 个省（区）的肉牛养殖均存在一定程度的投入冗余，松弛变量不全为 0。

表6　　　　　　　　不同省（区）试点区肉牛养殖投入冗余度

省（区）	投入无效率	仔畜投入冗余比例（%）	饲料投入冗余比例（%）	劳动投入冗余比例（%）	其他投入冗余比例（%）
安徽	0.382	0.00	26.09	32.89	0.00
甘肃	0.346	25.28	57.97	24.67	23.76
河北	0.151	0.20	10.50	17.44	13.72
河南	0.332	0.00	41.07	22.24	13.63
黑龙江	0.224	0.00	17.71	28.74	37.51
辽宁	0.263	0.00	47.38	24.69	0.00
内蒙古	0.411	28.43	11.10	57.96	23.18
云南	0.312	0.00	22.05	49.67	15.01
均值	0.303	6.74	29.23	32.29	15.85

首先，从均值来看，试点区肉牛养殖投入无效率程度为 0.303，劳动投入冗余程度最高，为 32.29%，其次是饲料投入，冗余比例为 29.23%，仔畜投入冗余度最低，为 6.74%，说明试点区肉牛养殖还存在饲料投入安排仍需优化，劳动力未受到充分利用的情况。

其次，分省（区）来看，内蒙古无效率程度最高，为 0.411，各项要素投入中，劳动投入冗余度最高，达到 57.96%，仔畜投入和其他投入冗余比例也在20%以上，说明该地区肉牛养殖对投入要素的组合安排与最优配置间还存在较大差距，前文中该省份的分配效应（$AEC > 1$）也说明该地区肉牛养殖需要在适量、适度地合理安排投入要素方面提升水平。河北无效率程度最低（0.151），其各项投入要素冗余度均在20%以下，同样存在劳动投入冗余比例较高的情况。安徽、甘肃、河南、云南、辽宁和黑龙江投入无效率程度均在 $0.30 \sim 0.40$。

最后，从各省（区）各项投入冗余度来看，仅甘肃、河北和内蒙古存在一定程度的仔畜投入冗余，但明显存在投入安排不合理的情况。在劳动力同质假设下，各省（区）的劳动投入冗余度均在15%以上，其中，内蒙古劳动冗余比例最高，河北最低。安徽、黑龙江、辽宁和甘肃肉牛养殖劳动投入冗余比例也均较高，这些省（区）未能充分将劳动力用于肉牛养殖，或劳动力生产率不高，在生产中贡献率低。与饲料和劳动投入冗余相比，肉牛养殖其他投入的冗余比例不高，仅黑龙江其他投入冗余最高，安徽和辽宁不存在其他投入冗余。整体上，试点区肉牛养殖劳动力投入冗余最高。

四、讨论与结论

本文运用成本效率模型和 malmquist 指数通过对比"粮改饲"政策实施前后、政策实施区与非实施区的饲料成本变动、成本效率差异，探究样本期内政策的实施对肉牛产业的影响，得出以下三点结论。

第一，在"粮改饲"政策的影响下，试点区肉牛养殖饲料成本较非试点区变动平稳，粗、精饲料比稳步上升。粗饲料比例提高7.3个百分点，精饲料占比有所下降，试点区总饲料成本上升幅度仅为非试点区的1/4，即政策的实施通过调整粗、精饲料的比例，一定程度上抑制了肉牛养殖饲料费用的增长，进而减缓了养殖饲料成本的明显增加。

第二，"粮改饲"政策实施后，多数省（区）肉牛养殖成本效率均有提升或是不同程度的改善，但养殖场（户）在合理安排投入物质要素组合方面的能力仍需增强，投入要素价格"扭曲"程度仍需改善。

第三，试点区肉牛养殖存在一定程度的投入冗余，其中，劳动力投入冗余程度最高，饲料投入次之，即饲料投入安排仍有较大优化空间，存在劳动力未受到充分利用的情况。

基于上述研究结论，提出如下三条政策建议。一是继续适度扩大"粮改饲"政策的实施范围。"粮改饲"政策的实施，一定程度上降低了肉牛养殖饲料成本，提高了肉牛养殖的成本效率。因此，应继续深入调研了解实施区养殖场（户）对"粮改饲"政策的适应性和满意度，合理考虑种养的匹配度，选择科学的品种和补贴方式，调动养殖场（户）的生产积极性，因地制宜，适度扩大政策覆盖范围。二是加强技术指导。试点区肉牛养殖仍存在投入物质要素组合安排不合理，饲料投入存在冗余、配置效率低的情况，应加强对肉牛养殖投入物质要素合理匹配的技术引导，增强养殖场（户）对肉牛养殖饲草料科学安排的能力，使其合理配置投入要素组合，提高资源使用效率，提升肉牛生产率。三是种养结合，以养定种，进一步消纳要素冗余。饲草料用途具有局限性，养殖场（户）是最主要的消耗主体，生产过剩就会影响种植者的利益，打消其积极性，应根据养殖需求合理确定饲草种植面积，种养结合，消纳饲草料和劳动力冗余。

参 考 文 献

［1］崔姹，王明利，胡向东．我国草牧业推进现状、问题及政策建议：基于山西、青海草牧业试点典型区域的调研［J］．华中农业大学学报（社会科学版），2018（3）：73－80，156.

［2］范璐，王爱虎．中国上市物流企业成本效率动态分析：基于 Cost Malmquist 指数［J］．软科学，2016，30（6）：71－74，87.

［3］高雅灵，林慧龙，陈磊．基于经济和生态视角的民勤县种植结构效益对比分析［J］．干旱区资源与环境，2019，33（4）：96－102.

［4］郭庆海．"粮改饲"行动下的生态观照：基于东北粮食主产区耕地质量问题的讨论［J］．农业经济问题，2019（10）：89－99.

［5］郭世娟，胡铁华，胡向东，宿杨．"粮改饲"补贴政策该何去何从：基于试点区肉牛养殖户的微观模拟［J］．农业经济问题，2020（9）：101－110.

［6］胡向东．关于"粮改饲"种植结构的调整的思考［J］．价格理论与实践，2017，2（5）：19－20．

［7］马梅，王明利，达丽．内蒙古"粮改饲"政策的问题及对策［J］．中国畜牧杂志，2019，55（1）：147－150．

［8］倪印锋，王明利．中国青贮玉米产业发展时空演变及动因［J］．草业科学，2019，36（7）：1915－1924．

［9］农业农村部新闻办公室．全国粮改饲工作推进现场会在甘肃召开［EB/OL］．http：//www. moa. gov. cn/xw/zwdt/201909/t20190930_ 6329476. html，2019－09－30/2021－10－23．

［10］彭艳玲，晏国耀，马昕娅，冷雨洁．基于能值与改进 DEA－EBM 模型的"青贮玉米＋养殖"种养结合模式产出效率评估研究：以四川省"粮改饲"青贮玉米示范区为例［J］．干旱区资源与环境，2019，33（12）：68－76．

［11］任继周，李发弟，曹建民，等．我国牛羊肉产业的发展现状、挑战与出路［J］．中国工程科学，2019，21（5）：67－73．

［12］孙雪丽，李秋凤，刘英财，等．全株青贮玉米对西门塔尔杂交牛生产性能、表观消化率及血液生化指标的影响［J］．草业学报，2018，27（9）：201－209．

［13］王明利．"十四五"时期畜产品有效供给的现实约束及未来选择［J］．经济纵横，2020（5）：100－108．

［14］王怡然，孙芳，丁玎．京津冀区域冀北地区"粮改饲"结构调整效益分析［J］．中国农业资源与区划，2019，40（11）：158－165．

［15］杨春，王明利．草原生态保护补奖政策下牧区肉牛养殖生产率增长及收敛性分析［J］．农业技术经济，2019（3）：96－105．

［16］于康震．粮改饲是推进农业供给侧结构性改革的重要举措［J］．农村工作通讯，2017（9）：5－8．

［17］郑瑞强，刘小春，杨丽萍．"粮改饲"政策效应分析与关键问题研究观点［J］．饲料工业，2016，37（3）：62－64．

［18］朱增勇，陈加齐，曲春红．肉牛专业化养殖技术效率研究［J］．华中农业大学学报（社会科学版），2018（6）：14－19，151．

［19］Färe R，Grosskopf S，Lindgren B，et al. Productivity developments in Swedish hospitals：A Malmquist output index approach ［M］//Data envelopment analysis：Theory，methodology，and applications. Boston：Kluwer Academic Publishers，1994：253－272.

［20］Maniadakis N，Thanassoulis E. A cost malmquist productivity index ［J］. European Journal of Operational Research, 2004, 154 (2): 396 – 409.

[21] Ray S C, Desli E. Productivity growth, technical progress and efficiency change in industrialized countries: Comment [J]. American Economic Review, 1997, 87 (5): 1033 – 1039.

附　　录

附表 1　　　　2020～2021 年中国苜蓿干草贸易情况

时间	出口金额（万美元）	出口数量（吨）	出口价格（美元/吨）	进口金额（万美元）	进口数量（吨）	进口价格（美元/吨）
2020 年 1～12 月	33. 82	30. 49	11, 092. 13	49, 106. 69	1, 359, 079. 20	361. 32
2021 年 1 月	0. 16	1. 07	1, 528. 14	3, 920. 02	111, 243. 39	352. 38
2021 年 2 月	0. 14	1. 22	1, 185. 25	2, 676. 07	74, 413. 82	359. 62
2021 年 3 月	1. 07	14. 24	748. 31	3, 838. 10	107, 417. 69	357. 31
2021 年 4 月	2. 14	3. 11	6, 889. 03	4, 432. 41	124, 301. 09	356. 59
2021 年 5 月	2. 15	2. 60	8, 294. 19	4, 312. 53	118, 100. 00	365. 16
2021 年 6 月	2. 37	2. 85	8, 320. 59	3, 705. 57	100, 244. 12	369. 65
2021 年 7 月	0. 06	0. 31	2, 000. 00	5, 920. 24	156, 076. 74	379. 32
2021 年 8 月	0. 09	0. 49	1, 927. 98	6, 514. 59	171, 407. 69	380. 06
2021 年 9 月	0. 00	0. 00	—	7, 745. 85	200, 862. 83	385. 63
2021 年 10 月	0. 00	0. 00	—	8, 859. 42	226, 006. 27	392. 00
2021 年 11 月	0. 60	5. 03	1, 188. 79	8, 320. 72	205, 985. 75	403. 95
2021 年 12 月	0. 00	0. 00	—	7, 763. 16	184, 190. 74	421. 47
2021 年 1～12 月	8. 79	30. 91	2, 845. 56	68, 008. 68	1, 780, 250. 12	382. 02

资料来源：中华人民共和国海关总署海关统计。

附表 2　　　　2020～2021 年中国苜蓿粗粉及团粒贸易情况

时间	出口金额（万美元）	出口数量（吨）	出口价格（美元/吨）	进口金额（万美元）	进口数量（吨）	进口价格（美元/吨）
2020 年 1～12 月	0. 00	0. 00	—	802. 89	28, 357. 10	283. 14
2021 年 1 月			—	90. 74	3, 404. 02	266. 56
2021 年 2 月			—	38. 60	1, 533. 84	251. 65
2021 年 3 月	0. 00	0. 00	—	80. 61	3, 044. 84	264. 75
2021 年 4 月	0. 00	0. 00	—	148. 18	5, 629. 99	263. 20
2021 年 5 月	0. 00	0. 00	—	88. 82	3, 339. 01	266. 02
2021 年 6 月	0. 00	0. 00	—	81. 25	3, 043. 21	266. 98
2021 年 7 月	0. 00	0. 00	—	103. 03	4, 082. 81	252. 35

续表

时间	出口金额（万美元）	出口数量（吨）	出口价格（美元/吨）	进口金额（万美元）	进口数量（吨）	进口价格（美元/吨）
2021 年 8 月	0.00	0.00	—	150.64	5,736.23	262.62
2021 年 9 月	0.00	0.00	—	124.02	4,778.95	259.51
2021 年 10 月	0.00	0.00	—	171.07	6,573.60	260.24
2021 年 11 月	0.09	0.20	4,700.00	181.32	6,881.88	263.48
2021 年 12 月	0.09	0.20	4,700.00	107.32	4,205.98	255.16
2021 年 1～12 月	0.19	0.40	4,700.00	1,365.61	52,254.36	261.34

资料来源：中华人民共和国海关总署海关统计。

附表 3　　　　　　**2020～2021 年中国燕麦草贸易情况**

时间	出口金额（万美元）	出口数量（吨）	出口价格（美元/吨）	进口金额（万美元）	进口数量（吨）	进口价格（美元/吨）
2020 年 1～12 月	0.00	0.00	—	11,585.37	334,722.94	346.12
2021 年 1 月	—	—	—	1,197.96	36,338.70	329.67
2021 年 2 月	—	—	—	1,202.19	36,964.19	325.23
2021 年 3 月	0.00	0.00	—	980.32	30,041.87	326.32
2021 年 4 月	0.00	0.00	—	308.76	9,517.60	324.41
2021 年 5 月	0.00	0.00	—	282.47	8,491.17	332.66
2021 年 6 月	0.00	0.00	—	275.42	8,157.36	337.64
2021 年 7 月	0.00	0.00	—	359.69	10,317.94	348.60
2021 年 8 月	0.00	0.00	—	389.83	11,075.17	351.99
2021 年 9 月	0.00	0.00	—	363.85	10,152.61	358.38
2021 年 10 月	0.00	0.00	—	632.54	17,199.68	367.76
2021 年 11 月	0.00	0.00	—	619.83	16,655.66	372.14
2021 年 12 月	0.00	0.00	—	672.29	17,741.04	378.94
2021 年 1～12 月	0.00	0.00	—	7,285.13	212,652.99	342.58

资料来源：中华人民共和国海关总署海关统计。

附表 4　　　　　2020～2021 年中国紫苜蓿种子贸易情况

时间	出口金额（万美元）	出口数量（吨）	出口价格（美元/吨）	进口金额（万美元）	进口数量（吨）	进口价格（美元/千克）
2020 年 1～12 月	16.79	62.12	2.70	982.12	3,532.43	2.78
2021 年 1 月	0.00	0.00	—	2.64	22.00	1.20
2021 年 2 月	0.00	0.00		85.89	304.26	2.82
2021 年 3 月	0.00	0.00		213.15	524.49	4.06
2021 年 4 月	0.00	0.00		508.17	1,383.68	3.67
2021 年 5 月	0.00	0.00		272.64	723.10	3.77
2021 年 6 月	0.00	0.00		265.55	665.51	3.99
2021 年 7 月	7.39	20.00	3.70	193.54	554.68	3.49
2021 年 8 月	3.98	11.00	3.62	73.71	185.46	3.97
2021 年 9 月	8.17	21.10	3.87	0.08	0.04	20.58
2021 年 10 月	3.02	8.00	3.78	152.20	376.00	4.05
2021 年 11 月	0.00	0.00	—	132.69	326.08	4.07
2021 年 12 月	0.00	0.00	—	37.46	94.00	3.98
2021 年 1～12 月	22.56	60.10	3.75	1,937.72	5,159.29	3.76

资料来源：中华人民共和国海关总署海关统计。

附表 5　　　　　2020～2021 年中国黑麦草种子贸易情况

时间	出口金额（万美元）	出口数量（吨）	出口价格（美元/千克）	进口金额（万美元）	进口数量（吨）	进口价格（美元/千克）
2020 年 1～12 月	0.00	0.00	—	5,199.74	39,945.37	1.30
2021 年 1 月	0.00	0.00	—	131.16	1,094.95	1.20
2021 年 2 月	0.00	0.00	—	138.39	996.33	1.39
2021 年 3 月	0.00	0.00	—	213.84	1,575.51	1.36
2021 年 4 月	0.00	0.00	—	272.03	2,051.06	1.33
2021 年 5 月	0.00	0.00	—	215.57	1,793.24	1.20
2021 年 6 月	0.00	0.00	—	482.89	3,937.21	1.23

续表

时间	出口金额 （万美元）	出口数量 （吨）	出口价格 （美元/千克）	进口金额 （万美元）	进口数量 （吨）	进口价格 （美元/千克）
2021 年 7 月	0.00	0.00	—	322.18	3,113.38	1.03
2021 年 8 月	0.00	0.00	—	856.51	5,079.76	1.69
2021 年 9 月	0.00	0.00	—	886.30	5,367.11	1.65
2021 年 10 月	0.00	0.00	—	664.52	3,416.18	1.95
2021 年 11 月	0.00	0.00	—	540.90	2,540.42	2.13
2021 年 12 月	0.00	0.00	—	708.70	3,023.77	2.34
2021 年 1～12 月	0.00	0.00	—	5,433.00	33,988.90	1.60

资料来源：中华人民共和国海关总署海关统计。

附表 6 **2020～2021 年中国其他三种草种子进口情况**

时间	三叶草		高羊茅		草地早熟禾	
	进口数量 （吨）	进口价格 （美元/千克）	进口数量 （吨）	进口价格 （美元/千克）	进口数量 （吨）	进口价格 （美元/千克）
2020 年 1～12 月	2,636.39	3.43	11,954.58	1.88	3,056.86	3.58
2021 年 1 月	421.94	3.69	1,077.31	1.78	213.22	2.67
2021 年 2 月	164.16	3.58	795.21	1.89	297.94	2.93
2021 年 3 月	306.19	3.99	1,988.67	1.79	1,386.44	2.54
2021 年 4 月	312.97	3.65	2,744.80	1.91	869.26	2.81
2021 年 5 月	521.65	3.92	3,065.55	1.97	1,092.16	2.93
2021 年 6 月	486.99	4.41	3,203.47	1.93	822.67	3.47
2021 年 7 月	491.02	4.07	2,624.25	2.09	753.70	3.82
2021 年 8 月	194.39	4.10	1,153.93	2.14	460.99	4.50
2021 年 9 月	205.66	4.53	1,740.42	2.33	532.51	4.16
2021 年 10 月	104.17	5.32	993.23	2.50	759.56	4.28
2021 年 11 月	141.17	4.79	791.11	3.19	317.25	5.85
2021 年 12 月	220.62	4.63	752.11	3.50	404.18	6.22
2021 年 1～12 月	3,570.92	4.11	20,930.04	2.11	7,909.87	3.57

资料来源：中华人民共和国海关总署海关统计。